Gestão de Projetos em Lazer e Turismo

Como gerenciar projetos realistas, sustentáveis e socialmente responsáveis.

ADALTO FELIX DE GODOI

DEDICATÓRIA

Dedico este livro à minha família. Núcleo de toda sociedade, a família ainda é a base segura de um mundo em fragmentos. É no seio da família que nos sentimos seguros e amparados, principalmente nos momentos mais difíceis. Construir uma família unida e forte deveria ser o primeiro e principal projeto de cada membro dela.

ÍNDICE

Apresentação   7

1   Turismo: Fundamentos e Pressupostos   9

2   Planejamento e gerenciamento sustentável do turismo   13

3   Análise e Elaboração em Projetos de Lazer e Turismo   24

4   A organização do projeto dentro da estrutura funcional de uma empresa   51

5   A utilização de tabelas, gráficos e planilhas em projetos   63

6   Desenvolvimento de projetos turísticos sustentáveis   74

7   A capacidade de carga no turismo   78

8   Elementos descritivos para a elaboração de um projeto em lazer e turismo   102

Referências Bibliográficas   116

Sobre o autor   118

APRESENTAÇÃO

Embora seja possível encontrar numerosos livros sobre gerenciamento de projetos no mercado, são raros os que abordam especificamente os projetos em lazer e turismo. Embora possam parecer semelhantes aos demais à primeira vista, os projetos desenvolvidos no âmbito do turismo, encerram especificidades que costumam escapar até mesmo aos olhos de profissionais experientes e atuantes no mercado devido suas peculiaridades.

O turismo é um dos segmentos que tem apresentado nos últimos anos um crescimento constante e estável em todo o mundo mesmo diante de crises econômicas, do aumento de eventos como o terrorismo e da violência em diversas regiões do planeta. Sua força e importância é reconhecida internacionalmente por todos os governos, não apenas como uma fonte de receita que emprega parte da população mundial, como também uma forma de aproximar países e culturas, diminuindo as barreiras e disseminando a paz entre povos, conforme apregoa a Organização Mundial de Turismo.

Estudos indicam que o turismo impacta em cerca de 52 segmentos diferentes da economia, e tem resultado no aumento de investimentos em infra-estrutura geral e em empreendimentos turísticos como hotéis, pousadas e *resorts* em diversas partes do mundo. Isso tem gerado um fluxo cada vez maior de turistas com as mais diversas motivações, resultando numa grande quantidade de novos projetos no turismo sendo desenvolvidos em todas as partes de um país, seja praia ou montanha. Por outro lado, parte desses equipamentos sofrem a ação do tempo e do uso necessitando de um *retrofit* ou de renovação, adequando-se aos padrões regulatórios e da crescente exigência dos clientes.

Torna-se cada vez mais importante que os estudiosos e outros profissionais que atuam com o turismo, entendam esse fenômeno, e estejam prontos para desenvolver e acompanhar projetos relacionados ao segmento. Seja no gerenciamento, seja participando no planejamento e desenvolvimento dos processos que o torne sustentável, rentável e socialmente responsável. Para os demais profissionais que não pertencem ao segmento, mas atuam com o turismo como os engenheiros, geógrafos, historiadores dentre outros, é de grande importância entender como funciona e quais as principais características de projetos dentro do lazer e turismo.

Este livro tem o objetivo de atender aos profissionais de todas as áreas que atuam com o turismo e com os eventos ligados a esse importante setor da economia de muitos países, principalmente técnicos e especialistas em turismo e outras áreas, cuja natureza da atividade exige principalmente o conhecimento do gerenciamento de projetos (Project Management). Embora os projetos possam ser diferentes na sua natureza e objetivos, apresentam determinadas características comuns apresentadas neste livro, visando preparar o profissional a desenvolvê-los de forma eficiente, prática, sustentável e socialmente responsável baseado nas consagradas técnicas do PMBOK (Project Management Book of Knowledge).

Envolve também diversos itens importantes na análise do ambiente interno e externo de projetos, como a utilização de ferramentas gráficas na apresentação de dados e relatórios, assim como a condução de grupos e a relação interpessoal neles. Ao final, há um modelo de projeto de uma pousada ou pequeno hotel, que pode ser utilizado como base para obtenção de financiamento, além de ser um modelo útil para empreendedores e acadêmicos em geral. Pode ser utilizado como um guia prático, um manual de gerenciamento de projetos e ainda como uma referência para profissionais de todas as áreas que precisam ou lidam com o lazer e turismo.

Capítulo 1

TURISMO: FUNDAMENTOS E PRESSUPOSTOS

A atividade turística tem estado associada a estilos de vida saudáveis cada vez mais ligado ao tempo livre das pessoas, resultando na valorização do ócio e aumento da demanda de atividades de lazer e entretenimento em todo o mundo. Antes, restrito a um universo segmentado de pessoas com algum poder aquisitivo cujos conhecimentos gerais os permitiam cruzar fronteiras, não apenas físicas como também idcológicas, hoje, está disponível mesmo aos mais pobres. O aumento da expectativa de vida também tem contribuído para que as pessoas viajem mais ou procurem atividades de lazer para se ocuparem, aumentando a demanda e oferta de produtos na indústria do turismo.

Viajar se tornou uma recomendação médica e de grandes instituições ligadas à saúde e ao bem-estar humano, materializado de forma clara no aumento da oferta e da demanda hoje presenciada. Apesar de eventos internacionais como guerras e atentados terroristas que possam turvar as expectativas futuras de algumas regiões, o turismo sempre manteve uma taxa de crescimento exemplar. Isso, mesmo diante de problemas de repercussão mundial. Tal fato ocorre em vista da natureza mutável e de fácil adaptação às mudanças de realidade de cada local, se tratando de um segmento que se recupera rapidamente mesmo em face de situações difíceis, pois haverá sempre algum grupo de interesse na nova fase ou local que sofreu alguma alteração no seu status.

A importância do turismo no contexto nacional e internacional de um país tem sido amplamente discutida, mas ainda está longe de esgotar suas possibilidades e abrangência por se tratar de uma atividade ainda em desenvolvimento. Livros são publicados abordando suas manifestações, efeitos e impactos; pesquisas demonstram a sua importância e estudos procuram analisar o comportamento dessa atividade nas economias do mundo inteiro. Contudo, como uma área nova do conhecimento, ainda está sujeita a rotulações e questionamentos que estão sendo formatados diante dos resultados apresentados, ficando ainda sujeito a novas interpretações e à produção de material teórico que venha esclarecer e conceituar de forma plena sua intervenção social e humana.

Considerado como um setor da economia de grande importância pela maioria dos autores, tem-se afirmado o seu poder de penetração global ao movimentar cerca de outros 52 setores da economia (Lima 2002, p. 1). Diante dos fatos, torna-se plausível questionar o turismo como sendo unicamente um setor da economia, em vista do fator limitante que o entendimento dessa rotulação possibilita. Dentro de um setor tradicional da economia são oferecidos produtos que podem ser substituídos entre si ou por outros similares, oriundos de empresas independentes, reunidos, no entanto, num mesmo grupo. Definindo assim a terminologia e o setor de atuação na economia. (Theobald 2001, p. 47)

Analisando os diversos setores existentes no turismo, concluímos que embora sejam considerados sub-setores dentro do turismo, são também setores da economia tradicional como os restaurantes, hotéis, transportes, lazer e entretenimento dentre outros. Embora sejam segmentos robustos e cartesianamente existam independentes do turismo como conhecemos, se constituem alvos de consumo local tendo sua receita aumentada em vista das atividades turísticas de grande escala. Ou seja, são dependentes de outros setores do turismo para seu crescimento. Portanto, o turismo engloba vários setores econômicos aglutinando-os dentro do seu espectro de atuação, orquestrando uma interligação e interdependência desses diversos setores, concatenando os seus esforços com vistas ao seu objetivo maior. Utilizar assim o termo setor para definir o turismo, minimiza a sua importância dentro do contexto humano e econômico em vista dos resultados globais apresentados.

O turismo é portanto, segundo Thomas Lea Davidson, um "fenômeno socioeconômico" que atua como uma força que impele o desenvolvimento não apenas de sociedades e empresas, estimulando diversos segmentos econômicos, afetando principalmente as pessoas e o seu relacionamento com o meio em que vivem, não devendo ser considerado unicamente como mais um setor da economia. (Thomas Lea Davidson *in* Turismo Global. Theobald 2001, p. 45-51)

A ênfase dada no turismo é tão distinta quanto os lugares em que ocorre, mas tem sido de uma forma geral interpretado com base em gastos e resultados econômicos dessa atividade. O foco tem sido na maioria das vezes voltado para o lado comercial e financeiro, centrado no consumo e não no consumidor, deixando de lado o seu maior agente, o ser humano, seja ele o turista ou a comunidade em que o turismo está inserido.

Alguns modelos vistos atualmente com a valorização apenas de resultados financeiros, parece cegar seus principais perpetradores da importância cultural e humana da atividade criando gerações ávidas pelo dinheiro a qualquer custo, e destruindo sua razão de ser e objeto de existência. Esses exploradores tem sacrificado tradições, costumes e o meio ambiente, alterando o modo de vida de uma sociedade de forma negativa; resultando na prostituição, consumo de drogas, importação de hábito culturais externos e mesmo o vandalismo. Tendo como resultado final a antipatia para com o turista em algumas comunidades, devido à deterioração do padrão de vida após a chegada ou expansão do turismo, em vista da falta de projetos sustentáveis desenvolvidos e gerenciados por profissionais da área.

Vendo sob esse novo prisma, o turismo merece uma avaliação dos seus estudiosos e gestores de forma que venha de encontro aos interesses sociais e econômicos, respeitando as diferenças locais e permitindo uma maior eqüidade na distribuição dos recursos gerados numa proporção que atente para as necessidades reais de todos setores e segmentos envolvidos. Para os que desejam estabelecer um cenário positivo e altruísta, não faltarão alternativas ou opções, por mais utópico que pareça. Para os demais não faltarão explicações e desculpas.

Alguns dos muitos segmentos que fazem parte do turismo

Capítulo 2

PLANEJAMENTO E GERENCIAMENTO SUSTENTÁVEL DO TURISMO

Considerando a importância do turismo como sistema organizado de geração de emprego e renda para uma localidade, o planejamento se torna uma ferramenta de importância primária para que este seja realizado de forma a minimizar os impactos ou efeitos negativos e maximizar os efeitos positivos. Criar planos realísticos e que tenham apelos público e privado, constitui-se numa das metas do desenvolvimento turístico de forma sustentável cujos resultados possam ser perenes.

O planejamento correto procura aproveitar da melhor forma possível os recursos disponíveis, ou disponibilizados, sempre atento às alternativas que sejam viáveis, evitando qualquer tipo de desperdício de recursos valiosos, ao atingir os melhores resultados com os insumos consumidos.

É praxe em muitos lugares o turismo surgir do nada, e crescer de forma desorganizada, levando consigo todos os vícios e problemas inerentes a esse tipo de atividade, resultando na rejeição de uma parcela importante da população quando afeta sua tranquilidade. O problema em grande parte se deve ao crescimento espontâneo e não necessariamente ao turismo em si mesmo. O planejamento e o correto gerenciamento dos recursos e atrativos existentes numa região, dependerão muito mais das ações tomadas antecipadamente à chegada do turismo, que cuidar dos seus efeitos posteriores. Turismo se planeja e se cria, podendo também ser administrado depois que surge. O que não deve é surgir, se desenvolver e se autodegradar sem a devida intervenção do poder público.

O que se tem observado em muitos municípios é uma postura indiferente dos vários setores da sociedade resultando na degradação ambiental e cultural com o tempo, devido em grande parte à inatividade dos responsáveis pela localidade. Há municípios localizados em várias regiões do Brasil que possuem pousadas e agências que comercializam o produto turístico sem estarem devidamente registradas nos órgãos competentes, não gerando tributos ou impostos, utilizando-se de mão-de-obra barata, e pertencendo a pessoas de outras nacionalidades que se aproveitam da ineficiência pública, interesses escusos ou descaso das autoridades.

Os danos que são infligidos ao meio ambiente, à população autóctone que não dispõe dos recursos necessários para sua defesa; ao patrimônio histórico e cultural; a sítios arqueológicos dentre tantos outros bens nacionais, são de difícil recuperação ou perdem o seu valor se tornando um exemplo da pior forma de turismo; a que degrada ou destrói. Cabe à secretaria de turismo em cada município a responsabilidade de perseguir o objetivo para qual existe, dispondo para isso de uma legislação específica, apoio policial quando solicitado, e apoio do comércio local que em muitos casos fornece recursos materiais e financeiros, participando ativamente na melhoria das cidades. Não é incomum, e tem sido vantajosa a parceria de comércios locais com Secretarias de Meio Ambiente na conservação de jardins, áreas, parques e praças, embelezando e promovendo o lazer urbano.

Outro fator de extrema importância é a utilização em larga escala da bela palavra "sustentabilidade", como se por encanto a sua utilização promovesse mudanças mágicas no contexto em que esta está inserida. A sustentabilidade se tornou uma bandeira para muitas empresas se esconderem ou validarem as suas ações, por mais escusas que sejam, mesmo que isso signifique danos ao meio ambiente e principalmente ao ser humano. Peter E. Murphy no livro Turismo Global (Theobald 2001, p.189) cita o conceito de desenvolvimento sustentável, publicado pela União Internacional para a Conservação da Natureza e dos Recursos Naturais (IUCN - World Conservation Strategy em inglês), no relatório *Our Commom Future*, abordando o limite de absorção e capacidade da terra como finitos, como a seguinte:

"O desenvolvimento que atende às necessidades do presente sem comprometer a capacidade das futuras gerações de satisfazerem as próprias necessidades". (WCED - Oxford University Press: Oxford, 1987)

Muito embora esta seja uma definição despretensiosa, carrega em si a importância da preservação do principal ser que se move sobre a terra, o homem, e a possibilidade de sua permanência indefinida sobre o solo sem causar o seu próprio fim. A harmonia e integração entre o homem e o meio ambiente numa coexistência pacífica, deveria ser o fator motivador para que empresas e homens gananciosos repensassem sua postura de exploração do meio ambiente em detrimento da sua preservação. A espécie humana convive constantemente sob ameaça de extinção, diante dos interesses políticos dos que possuem armas de destruição em massa, assim como pelas doenças e pragas que custam a vida de milhares de pessoas por ano.

A sustentabilidade ou o desenvolvimento sustentável passa a ser fator primordial para que o turismo, em vista da matéria-prima dessa indústria ser as relações humanas, ambientais e culturais. Estes são produtos altamente perecíveis e sujeitos a interferências externas. É indispensável que haja planejamento nas ações a serem tomadas quando da implantação do turismo ou do seu gerenciamento, devendo este ser integrado para que possa vir de encontro às necessidades de todos.

Para que haja um bom planejamento, algumas linhas de ação precisam ser estabelecidas desde o momento da concepção do plano ou da percepção da necessidade do desenvolvimento que o turismo proporciona na localidade. O primeiro passo é a formação de uma equipe multidisciplinar que possa elaborar um inventário dos recursos e atrativos naturais, turísticos e culturais existentes na localidade, passíveis de comercialização e visitação turística. Essa equipe deve contar com a presença de profissionais ou especialistas em algumas áreas como Geografia, Economia, História e principalmente do Turismo. Outras áreas do conhecimento também podem contribuir durante o processo, não devendo ser composto por membros excessivos para que não se perca o objetivo de vista, gerando mais discussão que resultados.

Estratégia de ação integrada

Ao estabelecer as possibilidades existentes no município ou localidade, parte-se para uma série de ações de suma importância para a avaliação de diversos fatores que definirão a possibilidade de implantação de um projeto turístico na localidade. A equipe montada inicialmente deve ser mista como citada, sem vínculos com cidadãos na localidade ou interesses na região de modo a não deturpar o resultado do trabalho. Deve também se primar pela avaliação justa e realística dos resultados, levando em conta as características sociais e atualizadas do setor turístico na economia vigente, podendo gerar um relatório favorável ou não para a implantação do turismo no local.

Em caso de parecer negativo, o município ou localidade não deve deixar-se levar pelo desânimo, pois se trata de uma situação momentânea, podendo ser alterada com o passar dos anos e investimentos na região em que está estabelecido. Ir contra o parecer pode resultar em risco de perda de recursos pela inviabilidade de realização de um projeto de tal magnitude. O próprio relatório pode apontar as área em que são mais importantes a atuação do governo para que possa se preparar em outro momento para o turismo e os seus efeitos.

Caso o relatório aponte a possibilidade de realização da atividade turística, uma série de informações precisam ser disponibilizadas para uma das etapas mais importantes, e despercebida nos processos de planejamento turístico, a apresentação à comunidade para que esta participe e se envolva desde o início, sendo co-responsável pelas decisões tomadas. Os principais dados precisam ser disponibilizados, sendo eles:

- Grau de potencialidade do local e da região;
- Investimentos necessários para sua realização;
- Infra-estrutura existente e desejada;

- Acessos existentes e necessários;
- Possíveis ofertas complementares ou concorrenciais na região;
- Principais recursos e atrativos existentes e de interesse geral ou específico; e,
- Cronograma de ações e decisões a serem tomadas.

As ações que se seguirão definirão o sucesso ou fracasso do empreendimento, pelo envolvimento de todos os setores da sociedade resultando num esforço conjunto em busca do mesmo objetivo. O trabalho conjunto também evitará que se determinado setor se desanime, outros possam continuar o projeto excluindo ou minimizando o risco de estagnação. Permite também que todos se sintam parte do processo, não sendo este o "projeto da Prefeitura", "projeto dos comerciantes" ou ainda sendo objeto de um ou outro grupo. Não atribuindo maior importância a um grupo do que a outro, resultando numa ação democrática.

Para que as ações ocorram, é preciso recorrer à representatividade de cada setor da sociedade, governo e iniciativa privada, criando um grupo misto que poderá ter seus membros substituídos ou renovados por períodos, ou mantendo-os ao menos até o cumprimento de determinadas metas para que não haja "quebras" e "desacordos" internos. Questões maiores podem e devem ser levadas a conhecimento público, sugerindo uma votação dos responsáveis pelo projeto quando isso for possível e viável. O acompanhamento público e privado tem uma outra vantagem, a possibilidade de impedimento que as trocas de governos com ideologias diferentes, (muito comum no Brasil) parem as atividades ou redirecione os planos iniciais sem que a população possa tomar alguma iniciativa direta.

Devem fazer parte do processo de planejamento e gerenciamento turístico integrado, as seguintes diretrizes e estratégias:

- Inventário dos recursos e atrativos naturais, culturais e históricos existentes,

- Envolver a comunidade local em todo o processo e desde a fase inicial, para que os moradores sintam-se valorizados e parte importante dentro do turismo. Estimulá-los à ação participativa mediante estratégias de atração e inclusão em órgãos representativos da sociedade local, como o COMTUR (Conselho Municipal de Turismo). Ou ainda possibilitar que a comunidade participe dando idéias e trabalhando em prol do desenvolvimento da atividade turística. Qualquer planejamento que não inclua a comunidade local no seu processo, está negligenciando a parte mais importante do desenvolvimento sustentável, a imposição de um sistema novo que vai se chocar com a realidade local, resultando em problemas posteriores à sua implantação. Como é a população local que sofrerá as maiores conseqüências ou irá auferir os resultados dessa atividade, nada mais justo do que a sua participação.

- Viabilizar o acesso de empreendedores e comerciantes locais aos canais de financiamento para projetos turísticos governamentais e privados existentes, com a criação de uma agência voltada para este fim ou patrocínio da Secretaria de Turismo local.

- Estimular ações em parceria com instituições de suporte ao desenvolvimento turístico e comercial, como o SEBRAE, e ONGs (Organização não Governamental) ou OSCIPs (Organização da Sociedade Civil de Interesse Público) que possuam experiência em atuar nessa área, dando suporte ao processo de desenvolvimento do turismo.

- Incentivar o desenvolvimento do turismo de forma integrada com outros municípios ou regiões, favorecendo a criação de pólos turísticos ou clusters turísticos, enfatizando a oferta turística complementar como alternativa à concorrencial.

- Capacitação da mão de obra local para atendimento ao turista, evitando a necessidade de importação de profissionais especializados de outras regiões.

- Criação de um processo educacional em âmbito municipal ou regional visando alcançar toda a população, para as vantagens e desvantagens do turismo de forma clara e concisa. O melhor meio de atingir a maioria da população de forma eficiente, é mediante agentes multiplicadores como professores escolares de todos os níveis, líderes religiosos, agentes de saúde, e funcionários públicos, entre outros agentes de penetração pública como os líderes locais.

- Estimular a abertura de pequenas e micro-empresas pelos próprios moradores. Há organismos governamentais de suporte que estimulam e fornecem treinamento qualificado, especialmente no turismo.

- Montar cooperativas diversas, como de agroturismo ou de produtores rurais. O associativismo também é uma alternativa viável para fortalecer e expandir os negócios.

- Utilização como ponto de partida as festas, atividades culturais, recursos e atrativos de maior interesse existente e conhecidos.

- Estipular metas razoáveis especificando períodos de tempo, como anos. Deve ser enfatizado o longo tempo necessário para que o desenvolvimento desejado ocorra, criando recursos que impeçam o desânimo quando os objetivos forem de médio e longo prazo.

- Desenvolvimento de uma imagem, logotipo, tipo ou forma de turismo que seja a "cara" da localidade, distinguindo-a dos demais concorrentes, se houver. Essa associação precisa ser benéfica e se tornar uma identidade do local, como Campos do Jordão (SP) está para o turismo de inverno, Gramado (RS) para o chocolate, Caxambú (MG) para as águas, e Holambra (SP) para as flores.

- Favorecer a participação de instituições de ensino e pesquisa técnico ou superior, abrindo as portas para o desenvolvimento de trabalhos de cunho acadêmico, que venham de encontro às necessidades locais e que possam beneficiar a comunidade em áreas como saúde, saneamento, capacitação profissional e turismo dentre outras. Um bom exemplo desse tipo de atividade foi o Projeto Universidade Solidária - Unisol, onde jovens universitários realizavam diversas atividades de prevenção de doenças, capacitação e orientação como a gestantes, mães, líderes locais sem custo para o município, colocando em prática os seus conhecimentos acadêmicos e beneficiando a parte mais carente da sociedade, chegando mesmo a lugares onde os órgãos sociais e poder público não conseguiam estar presentes.

- Divulgar e vender a localidade na mídia comum ou especializada, de forma consciente e responsável. Há pouco tempo atrás uma revista de porte nacional de turismo, publicou uma reportagem localizando as 10 praias mais bonitas do Brasil. Embora não fosse a intenção da revista, uma delas recebeu um fluxo tão grande de turistas que em poucos meses estava degradada. Assim, a exibição na mídia precisa vir acompanhada de uma preparação antecipada para que não haja uma demanda superior à oferta existente resultando em alguma forma de degradação.

- Promover estratégias de gerenciamento e controle que monitore estágios de imposição da cultura externa. A cultura local deve permanecer intacta, sob pena de universalização de costumes e perda de interesse turístico.

- Criar uma política de esclarecimento que em qualquer destino turístico, os recursos mais importantes serão sempre as pessoas, os seus moradores. São eles os maiores responsáveis pela satisfação do turista e o seu conseqüente retorno.

- Sustentabilidade. Manter o objetivo do planejamento e desenvolvimento de forma sustentável, com o foco no homem e no meio ambiente, e não nos gastos dos turistas, não nos negócios gerados, pois isso resulta em sacrifício humano e ambiental em favor de causas financeiras.

- Investimento em infra-estrutura turística, tais como a implantação de corredores de ônibus turísticos, malha de transportes turísticos, ou o re-direcionamento dos transportes existentes de forma a incluir o município em outros roteiros regulares ou turísticos.

- Criar um plano de desenvolvimento local integrado, com todas as diretrizes que deverão ser seguidas durante o processo de implantação. Não devendo ser rígido, mas elástico permitindo a adaptação às situações conforme forem surgindo. constituindo-se num mapa traçando o caminho seguro a seguir.

- Estabelecer mecanismos impeditivos na ocorrência de problemas como a inflação importada pelo turismo, crescimento desordenado e desequilíbrio entre a oferta e a demanda, afetando a qualidade de vida da população local.

- Planejar o ciclo de vida do produto turístico, traçando perspectivas de revitalização na curva descendente.

- Elaboração de cronograma com as metas a serem cumpridas, de forma que sejam eliminadas quando do cumprimento, e abertas ao conhecimento público.

Outras diretrizes e estratégias podem ser adotadas beneficiando todo o sistema de turismo e sociedade, quanto mais elaborado for o plano, maiores as possibilidades de sucesso. Isso não significa o estabelecimento de metas inalcançáveis ou objetivos pouco tangíveis, que demandam tempo e trabalho e não produzem resultados satisfatórios. Não é o tamanho da lista que resultará num bom projeto de planejamento, mas o grau de engajamento e participação que se manifestar que definirá em muito o sucesso ou fracasso da implantação e gerenciamento.

Alguns resultados podem ser mensurados de forma a avaliar a validade e alcance do plano turístico adotado. Como resultado, o plano de turismo deve ser capaz de:

1. Promover a valorização dos hábitos culturais, folclore, tradições e costumes locais;
2. Ampliar o número de postos de trabalho utilizando a mão de obra do local ou da região;
3. Trazer o desenvolvimento local de forma sustentável;
4. Criar opções de lazer e recreação que a comunidade possa usufruir, tanto quanto os turistas;
5. Aquecer a economia local; e,
6. Resultar em melhorias gerais e não apenas em regiões localizadas, nas condições de vida dos habitantes (qualidade de vida).

Quando o turismo já está em desenvolvimento, é preciso repensar toda a estrutura existente atentando aos fatos e acontecimentos que marcam as atividades turísticas, para que seja dimensionado o que já ocorre e o que acontecerá caso continue sem nenhuma intervenção. Uma vez que já esteja estabelecido determinados comportamentos, tem sido bem mais difícil alterar o destino do turismo, vantagem que os municípios e regiões que estão desenvolvendo o turismo têm sobre as que pretendem alterar o curso dos acontecimentos. Realizar um intenso trabalho de pesquisa, fazendo um diagnóstico real é a primeira tarefa, complementando-a com a seguinte que é o prognóstico e alternativas práticas e realísticas.

Gerenciar o sistema de turismo não é tarefa fácil e tampouco deveria repousar nas mãos de uma única pessoa as decisões mais importantes. Como citado anteriormente, todo processo de decisão dentro do turismo deve trazer embutido em si mesmo a abertura para a comunidade opinar sobre o seu próprio futuro. Quando se trata de sistemas estabelecidos em que as mudanças não serão fáceis, envolver os seus principais agentes públicos e privados aumentará as chances de sucesso e reduzirá os índices de rejeição. Não existe processo de planejamento e gerenciamento turístico perfeito, as soluções precisam ser locais, pois projetos que são implantados com ótimos resultados em alguns lugares podem fracassar miseravelmente em outros. Ainda assim nenhuma atividade turística deveria ser estimulada sem um bom projeto de planejamento e gerenciamento integrado de turismo.

Tipologias dentro do turismo

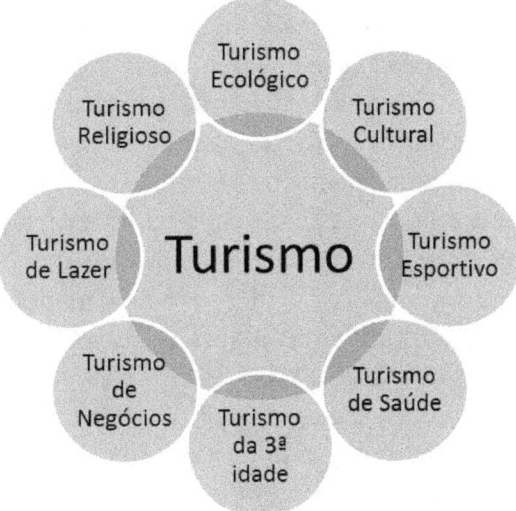

Capítulo 3

ANÁLISE E ELABORAÇÃO DE PROJETOS EM LAZER E TURISMO

Muito embora tenha um papel crucial na economia moderna, o turismo ainda carece de abordagens mais sérias e profundas que possibilitem a capacitação técnica dos profissionais que atuam nas mais diversas áreas e segmentos. Trata-se de um segmento em que muitos profissionais entram vislumbrando mais o lazer que o trabalho ou a pesquisa, e nem sempre propensos a atuar com seriedade e responsabilidade. Dentre as áreas pouco exploradas no próprio segmento de turismo, está a de projetos, tanto na sua análise quanto na elaboração.

Muitas instituições de nível superior tem privilegiado esse curso, inclusive procurando capacitar os futuros profissionais do turismo a entender, mas não a desenvolver projetos. Cria se uma geração de teóricos que fazem algumas atividades de meio como trabalho técnico, criando a falsa impressão de que foram bem preparados para o mercado. Tal importância se justifica pela carência de profissionais habilitados que possam desenvolver projetos sustentáveis, estimulando a atividade turística, assim como analisando aqueles que porventura cheguem às suas mãos oriundos de pares ou terceiros.

A grande maioria dos projetos conhecidos, tem sido escritos e estruturados por profissionais dos mais diversos setores, especialmente Administração, Economia e Engenharia, nem sempre envolvendo profissionais do turismo. Alijar esses profissionais de um processo tão importante, especialmente diante do conhecimento que permite avaliar não somente as variáveis físicas, como também as culturais, históricas, sociais entre outras que podem causar graves danos às comunidades onde a atividade turística seja desenvolvida. Mesmo que com o devido planejamento por outros profissionais, há conhecimentos específicos que os turismólogos possuem que os tornam indispensáveis, especialmente na área em que eles atuam, e que nem sempre são parte do grupo técnico para a elaboração de projetos.

O profissional de turismo tem todas as ferramentas necessárias para desenvolver planos e projetos, que venham de encontro às necessidades e desejos de localidades turísticas, com algum potencial, ou que desejam investir recursos atraindo turistas e visitantes. Bons projetos são essenciais para que qualquer empreendimento seja bem sucedido. No turismo, torna-se ainda mais importante por modificar irreversivelmente a paisagem, os hábitos e costumes dos lugares em que bate à porta.

Se por um lado traz inúmeras vantagens, por outro, não deixa de trazer consigo uma grande quantidade de problemas intrínsecos à atividade, e que caso não sejam bem administrados podem resultar em danos permanentes aos bens históricos e culturais de uma cidade. Em especial, as peculiaridades que tornam o local ímpar afetando negativamente o comportamento dos moradores, e afugentando o público que mais querem atrair, o turista.

A falta de publicações nesse campo, torna deficiente a formação de futuros profissionais que pretendam desenvolver projetos nas mais diversas esferas de atuação, contribuindo para empreendimentos sustentáveis e para que possam gerar retorno aos investidores e à comunidade em que são desenvolvidos. Razão pela qual este material foi desenvolvido baseado em atividades práticas, para que sirva de norte aos turismólogos e de referência aos demais profissionais que atuam com o turismo.

A grande maioria dos projetos é desenvolvida dentro do turismo pelos mais diversos profissionais, nem sempre por egressos de cursos de turismo. Nota-se que há alguma participação em equipes multidisciplinares no desenvolvimento de roteiros, estudos e desenvolvimentos de planos e projetos de capacitação. Porém, as competências técnicas dos turismólogos ainda são pouco exploradas diante das muitas possibilidades de atuação e amplitude do conhecimento dos diversos fatores envolvidos no desenvolvimento de atividades turísticas.

A atuação do Profissional de Turismo em Projetos Turísticos

Um profissional do turismo precisa desenvolver, implantar ou mesmo gerenciar projetos em turismo, dado o conhecimento aprendido ou acumulado, possibilitando-o analisar as muitas variáveis envolvidas na atividade turística. Geralmente, o foco primário acaba sendo o econômico, negligenciando em muitos momentos os demais que dão sustentação ou garantem a sustentabilidade dos programas e projetos que são desenvolvidos ou implantados.

É parte importante na vida profissional moderna, a participação em projetos nas mais diversas etapas e situações, independente da opção profissional da pessoa. Para o estudioso do turismo essa realidade não poderia ser diferente, haja vista sua formação priorizar uma das áreas em que há carência de especialistas que entendam das peculiaridades inerentes à dinâmica do turismo. Dentre os principais motivos, saber analisar e elaborar um projeto em turismo é essencial, se o profissional pretende:

- *Apresentar um projeto dentro da empresa onde atua:* Ao desenvolver um produto ou serviço com perspectivas de lucro para a empresa, precisa saber elaborar o projeto dentro das normas exigidas ou aceitas pela empresa, demonstrando a viabilidade e lucratividade do projeto, assim como o tempo de retorno do investimento.

- *Análises de projetos, da viabilidade técnica e financeira:* Com o crescente aumento de empresas que tem investido em projetos que sejam rentáveis e viáveis, cresce também a demanda de profissionais qualificados para analisar os projetos que são apresentados a bancos, financeiras, órgãos do governo como a Embratur, dentre outros. Analisar corretamente um projeto, pode justificar ou não o investimento em um projeto que seja um sucesso, evitando aqueles que estão fadados ao fracasso. Projetos que não sejam viáveis precisam ser repensados ou revistos, principalmente dentro do turismo, onde não é incomum empreendimentos gerarem prejuízos após sua abertura e operacionalização. Algo que nenhum investidor deseja.

- *Atuação em empresas de consultoria*: Com a expansão da atividade turística, aumentaram também as consultorias especializadas nas mais diversas áreas de atuação dentro do turismo. Não basta apenas identificar e apontar os problemas em uma empresa. A apresentação de projetos de melhoria, ou desenvolvimento de novos produtos e serviços no turismo, é parte importante da atividade do consultor.

- *Desenvolvimento de projetos como profissional liberal:* Com as inúmeras possibilidades existentes no mercado, o trabalho autônomo ou como *freelancer* é uma realidade cada vez maior para muitos profissionais. Elaborar projetos é crucial para a sobrevivência de quem deseja atuar para empresas do trade turístico, elaboração de projetos avulsos, ou mesmo com vistas a implantar o seu próprio negócio. Ademais, com o desaparecimento gradativo do trabalho formal, cada vez mais profissionais se vêem no mercado de trabalho dependentes de sua capacidade profissional e técnica.

- *Desenvolver projetos derivados do planejamento turístico de um município ou região:* Cada vez mais cidades brasileiras têm produzido planos de desenvolvimento turístico, à espera do turismo ou tendo em vista o crescimento dessa atividade nos próximos anos. A concretização do planejamento depende de profissionais habilitados e competentes, que ao solucionar um problema possa não criar outros. Trata-se da concretização das atividades propostas de acordo com o planejamento turístico, associadas ao setor público ou privado. Pode atuar também na obtenção de recursos para a materialização dos projetos propostos a pequenos e médios empreendedores das localidades onde atuar.

- *Participação em projetos como convidado ou como profissional técnico em equipes multidisciplinares:* Esta tem sido a atividade mais comum, com a participação de profissionais do turismo em equipes ou times que visam o desenvolvimento do turismo numa região específica. Diante da multidisciplinaridade da atividade turística, o desenvolvimento de planos, programas e projetos, costuma ser acompanhado por profissionais das mais diversas áreas, especialmente do turismo. Muito embora as possibilidades sejam maiores, dentre as que atualmente têm sido notadas no mercado.

Política, Planos, Programas e Projetos em turismo

Antes de abordarmos a importância dos projetos dentro do turismo, é preciso entender as diferenças básicas existente nas definições de planos, programas e projetos. Normalmente, todos são derivados de políticas estabelecidas por alguma empresa ou organismo público. São as políticas que norteiam, embora não sejam detalhadas, quais caminhos serão trilhados por determinada empresa ou governo.

Características da Política Nacional do Turismo no Brasil

CARACTERÍSTICAS	POLÍTICA NACIONAL DO TURISMO
Lei	Decreto N° 448, de 14 de Fevereiro de 1992
Matéria	Regulamenta dispositivos da Lei N° 8.181, de 28 de março de 1991, dispõe sobre a Política Nacional de Turismo e dá outras providências.
Abrangência	Todo o território nacional em sua área continental

Princípios e Fundamentos	A Política Nacional de Turismo tem por finalidade o desenvolvimento do Turismo e seu equacionamento como fonte de renda nacional, e será formulada, coordenada e executada, nos termos do art. 2° da Lei de N° 8,181, de 28 de março de 1991, pela EMBRATUR – Instituto Brasileiro de Turismo.
Objetivos	I – democratizar o acesso ao Turismo Nacional, pela incorporação de diferentes segmentos populacionais, de forma a contribuir para a elevação do bem-estar das classes de menor poder aquisitivo; II – reduzir as disparidades sociais e econômicas de ordem regional, através do crescimento da oferta de emprego e melhor distribuição de renda; III – aumentar os fluxos turísticos, a taxa de permanência e o gasto médio de turistas estrangeiros no país, mediante maior divulgação do produto brasileiro em mercados com potencial remissivo em nível internacional; IV – difundir novos pontos turísticos, com vistas a diversificar os fluxos entre as Unidades da Federação e beneficiar especialmente as regiões de menor nível de desenvolvimento; V – ampliar e diversificar os equipamentos e serviços turísticos, adequando-os às características sócio-econômicas regionais e municipais; VI – estimular o aproveitamento turístico dos recursos naturais e culturais que integram o patrimônio turístico, com vistas à sua valorização e conservação; VII – estimular a criação e implantação de equipamentos destinados a atividades de expressão cultural, serviços de animação turística e outras atrações com capacidade de retenção e prolongamento da permanência dos turistas.
Instrumentos	Inexistem
Diretrizes	I – a prática do Turismo como forma de promover a valorização e preservação do patrimônio natural e cultural do País; II – a valorização do homem como o destinatário final do desenvolvimento.

Fonte: Polette, M (SIMPAN, 2004)

O exemplo mais adequado neste livro, é a própria política utilizada pelo governo brasileiro com o turismo, que a define como sendo um "conjunto de diretrizes, estratégias, objetivos e ações formuladas e executadas pelo estado, através do Ministério do Turismo, EMBRATUR, pelo Sistema Oficial de Turismo e pela iniciativa privada, por intermédio da Câmara Setorial do Turismo, tendo como finalidade promover e incrementar o turismo como fonte de renda, de geração de emprego e do desenvolvimento sócio-econômico e cultural."

Tendo como base o ano de 1999 (apenas como referência), foram traçadas as seguintes metas da *Política Nacional de Turismo* do Brasil:

✓ Aumentar o número de entrada de turistas estrangeiros em 111%, objetivando receber naquele ano cerca de 3,8 milhões ingressos no país;

✓ Aumentar o montante de divisas no país em 105%, resultando em cerca de US$ 4 bilhões de ingresso de recursos;

✓ Aumentar a quantidade de empregos gerados no setor, passando dos anteriores 9% para cerca de 11%, se aproximando da média mundial.

Em 2016 os números mostraram que houve 6,6 milhões de entradas de turistas, com uma receita de US$ 56,8 bilhões, o que era o equivalente a 3,2% do PIB naquele ano. A contribuição total do turismo para o setor foi estimada em US$ 152,2 bilhões, ou seja o equivalente a 8,5% do Produto Interno Bruto brasileiro. Apesar dos números positivos, em volume de turistas monumentos como a Torre Eiffel ou a Catedral de Notre Dame em Paris recebem, individualmente, mais turistas que todo o Brasil. Não significa que a receita seja a mesma, porém como ainda existe um turismo incipiente para um país de dimensões continentais como o Brasil.

De acordo com o Conselho Mundial de Viagens e Turismo (WTTC) estima-se um crescimento de 3,3% do turismo no mundo até o ano de 2027, podendo gerar uma economia e impactar em cerca de 9,1% do PIB, ou o equivalente a US$ 212,1 bilhões. Se com políticas deficientes e alta interferência política no Ministério do Turismo, o turismo no Brasil é capaz de produzir esses resultados, uma gestão técnica e profissional certamente poderia produzir ainda mais resultados.

❖ PLANOS

Embora seja considerado como a missão, ou o objetivo "maior" que instituições e governos estabelecem como norte em suas políticas, os planos não possuem grandes detalhamentos ou informações pormenorizadas como um plano de negócio ou projeto. São normalmente as diretrizes gerais e políticas a serem adotadas, sem, contudo detalhar a origem e como serão gastos os recursos, quem são os responsáveis e um cronograma de implementação detalhado. O principal exemplo de um plano, é o próprio Plano Nacional de Turismo (PNT) do Brasil, desenvolvido pelo governo e disponibilizado na página da Embratur na internet.

Para Bonald Neto, o plano "é o resultado do processo de ações ordenadas, objetivando mudanças de uma estrutura sócio-econômica superada ou ineficiente". Complementa ainda, que "o plano se efetiva através da implantação de Programas, onde estão os Projetos – que são os desdobramentos dos objetivos do Planejamento". (1999, p.43)

Bonald Neto (*op. cit.*) subdivide o plano em tópicos, ou partes, de forma ordenada, sendo:

1. **Diagnóstico:** Uma análise realística tendo como base, algum levantamento ou pesquisa realizada, que o embase;
2. **Fundamentação:** Descreve a metodologia que resultará na ação, pelos elementos que tornarão o plano possível;
3. **Prognóstico:** Foca os objetivos que serão atingidos, a partir dos dados projetados e das modificações que forem propostas;

4. **Metas:** São as etapas a serem alcançadas, quantitativas ou qualitativas em determinado tempo;
5. **Fonte de recursos:** Trata-se da viabilização dos "meios" ou recursos necessários para materializar as metas e o objetivo principal;
6. **Implantação:** Envolve a gestão do plano, da execução à coordenação de todas as atividades propostas, inclusive a avaliação posterior e correções quando necessárias.

Segundo o autor, qualquer projeto propõe do ponto de vista econômico a produção de algum bem ou apresentação de algum serviço, com emprego de uma certa técnica, objetivando obter um determinado fim ou vantagem econômica ou social. Como plano de ação o projeto supõe a indicação dos meios necessários para sua realização e a adequação desses meios aos fins perseguidos.

Modelo de avaliação de investimentos

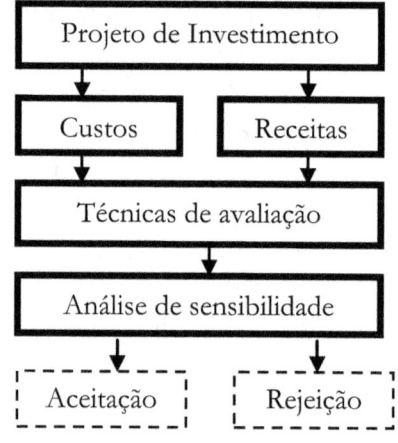

Fonte: (Tribe: 2003, p. 243)

Todas essas questões são analisadas nos projetos sob o ponto de vista econômico, administrativo, técnico, financeiro e institucional. Sua realização supõe quase sempre uma inversão (utilização de recurso) como opção alternativa. Ou seja, deixa-se de consumir certos recursos imediatamente visando a produção de outros bens e serviços considerados mais rentáveis. É uma decisão fria, racional e lógica, sem conotação emocional, baseada no conhecimento das alternativas existentes para a utilização desses recursos.

Para John Tribe (2003, p. 243), depois de ocorrido, não é muito difícil analisar quais fatores levaram alguns projetos de investimento no turismo a se tornarem bem sucedidos, e outros em grandes fracassos. O autor cita os segmentos de lazer e transportes onde destaca alguns dos projetos que resultaram em fracassos, filmes como o "Raise the Titanic", o sistema de transporte "Virgin Rail" e os jogos eletrônicos da "Sega Saturn". Dentre os projetos de sucesso encontramos filmes como o "Titanic", parques de diversão como o "Port Ventura", e os jogos eletrônicos "PlayStation" da Sony.

O ideal é que fosse possível prever quais projetos seriam bem sucedidos e quais seriam um fracasso. Trata-se de uma tarefa nada fácil, mas, que pode ser minimizada com um planejamento bem realizado. É no estágio de planejamento que é possível calcular e prever, mesmo que imperfeitamente, as chances de êxito ou fracasso do investimento em um projeto. Principalmente quando baseado em técnicas quantitativas de avaliação, cuja eficácia tenha sido comprovada com o tempo e utilização.

❖ PROGRAMAS

Mais específico e direto, o programa apresenta uma área dentro do plano que será trabalhada, direcionando o foco do plano. Por ser específico, pode abordar um segmento ou setor, como o marketing e o patrimônio histórico. São mediante programas que é possível materializar e alcançar os objetivos traçados pelos planos. Como exemplo de programas podemos citar, o Programa de Desenvolvimento do Turismo Sustentável e o Programa de Certificação da Qualidade no Turismo

Para Maximiano, "Programa é um grupo, família ou conjunto de projetos administrados de forma coordenada" (2006, p. 35). Acrescenta que embora a palavra "programa" seja sinônimo de projetos de grande porte, os projetos geralmente são partes de um programa podendo ser seqüenciais ou paralelos.

❖ PROJETOS

Estão dentro de programas e são atividades detalhadas cujo objetivo é concretizar os programas, produzir um serviço ou produto. Pode também ser utilizado para criar um produto, um serviço, desenvolver uma melhoria, implantar ou implementar alguma mudança dentro de uma empresa, dentre outras inúmeras possibilidades. Um projeto costuma ser considerado como uma pequena empresa com custos, recursos e orçamento próprio. Podem ser projetos de construção de aeroportos, pousadas, centro de convenções, etc. Um projeto pode ser tão simples como o lançamento de um novo produto ou serviço de uma empresa, e tão complexo quanto a construção de um grande resort com aeroporto e marina própria.

Os projetos podem ser os mais variados, de uma apresentação musical a um congresso, todos demandam tipos específicos de organização, logística e marketing. Alguns projetos cabem em poucas páginas, outros resultam em volumes inteiros.

É digno de nota que nem todos os projetos tem necessariamente que apresentar um resultado visível, ou mensurável em determinado período de tempo. Um exemplo, são os projetos de pesquisas e desenvolvimentos de novos produtos, que podem estar atrelados a fatores incontroláveis pelos pesquisadores, como encontrar a cura para uma doença ou produzir um medicamento para determinada doença.

❖ SUB-PROJETOS

Devido a dimensão ou tamanho dos projetos, estes podem se subdividir em sub-projetos para que atinjam os resultados com a maior eficiência possível, e se tenha um controle eficaz sobre as diversas etapas de uma obra. É o caso da construção de hotéis de diferentes redes hoteleiras, dentro de um resort de um grande grupo investidor. Pode ser também desenvolvido dentro de um departamento de uma empresa, estando dentro de um projeto maior, o da própria empresa.

Representação gráfica da relação de dependência dos diversos elementos envolvidos antes e depois do projeto.

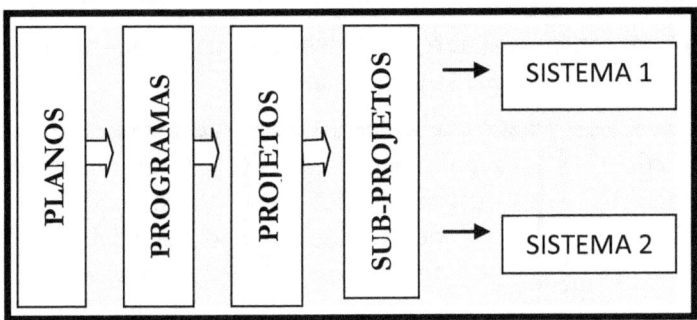

Maximiano acrescenta ainda que, "Um subprojeto é parte de um projeto de grande porte", exemplificando como podendo ser um projeto de alimentação elétrica, dentro do projeto de construção de um motor de automóvel. (2006, p. 36). Também entende que os subprojetos podem se subdividir em "Sistemas", utilizada "para designar uma parte física de um empreendimento maior [...] um conjunto relativamente complexo de atividades ou sub-projetos" (2006, p. 37).

Normalmente, quanto mais elevado for a importância e a dimensão das medidas a serem adotadas, o poder de decisão estará mais relacionados ao poder público e ao núcleo político. Outro fato é que o foco dos planos, programas e projetos ficam bem mais evidente, quando analisamos o conjunto das atividades realizadas coletivamente ou para o bem-estar social.

A figura abaixo mostra a relação de dependência hipotética envolvendo um plano, programas e projetos. Em empresas, a relação pode ser direta, não havendo a necessidade de um depender de outro. Entretanto, os projetos dentro de empresas estão de acordo com sua política de crescimento e dentro de um planejamento realizado cautelosamente.

Modelo de integração entre plano, programas e projetos e sua relação de dependência.

PLANO DE DESENVOLVIMENTO E CONSERVAÇÃO DO MANGUE SECO NORDESTINO		
Programa de gestão integrada das bacias e afluentes dos rios do Mangue Seco	Programa de uso sustentável dos recursos existentes nos manguezais	Programa de estímulo ao desenvolvimento do ecoturismo no Mangue Seco
Projeto de monitoramento da qualidade da água dos rios	Projeto de zoneamento e controle de pesca e coleta	Projeto de mapeamento, seleção, e monitoramento dos atrativos

Uma abordagem sobre projetos

Para Bonald Neto (1999, p. 45), o projeto pode ser encarado do ponto de vista econômico como, "a produção de algum bem ou apresentação de algum serviço, com emprego de uma certa técnica, objetivando obter determinado fim ou vantagem econômica ou social". Sugerindo que os objetivos são alcançados se forem adequados aos meios necessários à sua materialização.

Reconhecidamente como sendo um dos mais completos sistemas de gerenciamento de projetos, o PMI®– Project Management Institute, sediado nos Estados Unidos, e dedicado à garantia da qualidade e gerenciamento de projetos, entende que: "Um Projeto é um esforço temporário empreendido para alcançar um objetivo específico". Acrescenta também que estes possuem limitações de recursos e tempo precisando ser planejado, executado conforme determinado previamente, e controlado em todas as suas fases ou etapas, especialmente por ser temporário e único.

Maximiano define projeto como: "Um empreendimento temporário ou uma seqüência de atividades com começo, meio e fim programados, com o objetivo de fornecer um produto singular, e dentro de restrições orçamentárias" (2006, p. 26).

Em resumo, podemos entender um projeto, como um conjunto de atividades ou ações estruturadas, temporárias, contínuas e interligadas com princípio, meio e fim, com o objetivo de criar um serviço ou produto único; ou implementar/implantar alguma atividade proposta.

Saindo da visão tecnicista e acadêmica, podemos entender um projeto como qualquer empreendimento temporário que uma pessoa resolva empreender. A maternidade pode ser um projeto de vida para uma mulher; alcançar ou galgar algum cargo de grande destaque dentro da empresa, escrever um livro, fazer um filme, organizar uma festa de família dentre numerosos outros conceituais ou não, também são projetos.

De um modo geral, todo projeto visa atingir um determinado objetivo, tangível ou intangível. No entanto, algumas variáveis precisam ser levadas em conta como o escopo, o prazo e os custos. Seja um projeto de vida ou a construção de uma espaçonave que viabilize o turismo espacial como novo nicho de mercado, esses quesitos precisam ser levados em conta.

Projetos não são realizados isoladamente, geralmente interagem com diversas áreas que não estão diretamente ligados a eles, o que o torna passível de atrasos e mudanças constantes. A falta de um componente eletrônico pode resultar na substituição de outro de menor qualidade ou maior valor, afetando o resultado ao final. A dificuldade de encontrar um espaço adequado para recepcionar o Presidente da República, pode resultar na contratação de um espaço menor, ocasionando a exclusão de vários convidados importantes, ou ainda a superlotação resultando em riscos à segurança de todos.

Lidar com projetos tem se tornado uma atividade constante na vida de muitos profissionais na sociedade moderna. Pode ser um projeto acadêmico, como de pesquisa científica ou de criação de um curso de turismo ou hotelaria dentro de uma instituição de ensino. Pode ser um projeto profissional de criação de uma agência de viagens ou de um hotel para os que estão no mercado. Pode envolver o desenvolvimento de um novo produto ou serviço a ser disponibilizado para um determinado público alvo. Pode ser também um projeto de melhoria do clima organizacional de um hotel, mediante atividades específicas; ou ainda, de implantação do sistema ISO em uma empresa. Muito embora a visão mais comum, é que quando se fala em projetos, logo vem à mente a construção de prédios e grandes obras, comuns a projetos de engenharia e arquitetura.

Matriz de complexidade de um projeto

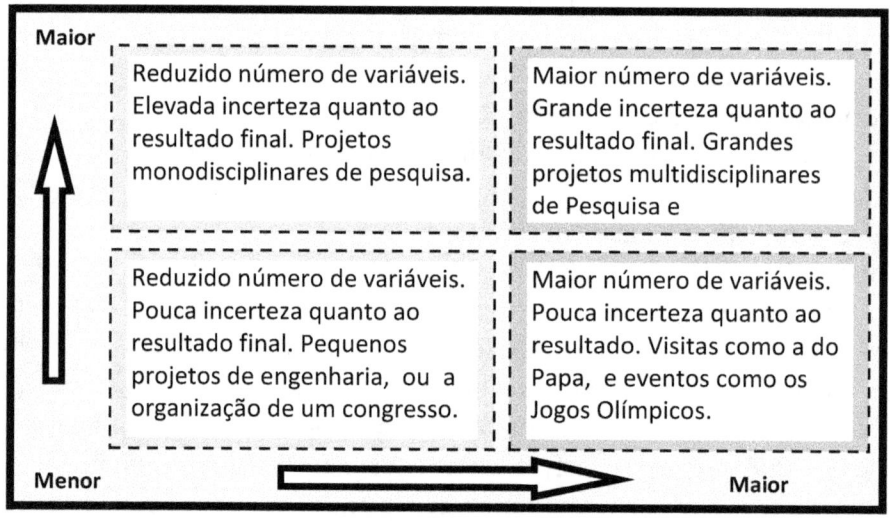

Fonte: Adaptado de Maximiano (2006, p. 33)

Contudo, dos projetos simples aos mais difíceis, é possível imaginar o seu grau de complexidade através do número de variáveis e do grau de certeza do projeto. Um projeto com maior número de variáveis e alto grau de incerteza, será sempre mais complexo e sujeito a eventos adversos, que os com reduzido número de variáveis e maior grau de certeza quanto a sua consecução. Montar um seminário de um dia, ou, um evento do porte de uma olimpíada, são exemplos de projetos; mas com grau de dificuldades muito diferentes.

De um modo geral, a concretização de um projeto resulta necessariamente em inversões, ou utilização de algum recurso, para que um bem ou serviço seja produzido. Trata-se de uma decisão que envolve o custo de oportunidade, resultando em ganho ou prejuízo para seu proponente, mesmo após uma análise econômica, técnica e administrativa.

Projetos podem ser públicos quando originários de órgãos do próprio governo. São privados, quando originados da iniciativa privada ou do empresariado em geral. Diante da notória ineficiência pública no Brasil, muitos projetos iniciados pelo governo jamais são finalizados, e outros quando são, demandam mais recursos do que inicialmente foi orçado. Por outro lado a eficiência do setor privado, tem resultado na união de forças com o governo, gerando Parcerias Público Privadas (PPP – Lei federal n.º 11.079, de 30 de dezembro de 2004), aliando a capacidade do governo de realizar grandes obras, e os métodos privados de redução de custos e prazos.

Natureza do Projeto		
Público	**Privado**	**Misto (PPP)**
Educação (escolas, autorização de cursos)	Turismo (hotéis, agências, resorts, parques, aviação comercial)	Transportes (Hidrovia Tietê-Paraná / Linha 4 do Metrô de São Paulo/Rodovias)
Saúde (postos de saúde, hospitais, vacinações)	Indústria (produção de veículos, bens de consumo, móveis, catering)	Comunicações - África do Sul (Regional language television services)
Transportes (transporte público urbano, fiscalização)	Comércio (produtos em geral, vestuário, jogos, eletro-eletrônicos)	Esportes e Lazer - Inglaterra (Shepway Leisure Centre)
Infra-estrutura (rodovias, estradas, ferrovias)	Serviços (prestação de serviços, aluguel de veículos, consulta médica, alimentação)	Saúde - México (Hospitales regionales y unidades de especialidades médicas)

Diante do sucesso dessa modalidade de parceria entre o governo e a iniciativa privada, o governo tem em várias instâncias procurado aumentar o espectro de atuação para outras áreas, que não seja apenas de infra-estrutura como mostrado acima, para demais segmentos como já ocorre em outros países constantes no quadro "Natureza do Projeto". No Brasil, os mistos começaram pela área de infra-estrutura e transportes, havendo possibilidade de abranger outros segmentos.

O Escopo do Projeto e do Produto

Três fatores demandam atenção específica, sendo eles, o escopo, o custo e o prazo. O escopo pode ser do projeto e do produto. Maximiano (2006, p. 271) define escopo do projeto como "Abrangência das atividades do projeto e lista dos produtos e componentes a serem fornecidos. Leque de produtos componentes associados ao resultado final". E define o escopo do produto como sendo "Desempenho esperado do produto do projeto, função a ser cumprida pelo produto".

A definição da palavra "escopo" é: alvo, mira, intenção. Podendo ser entendido como a intenção a ser atingido por um projeto, envolvendo nela os componentes e produtos que venham a materializa-lo, ou seja, o produto que será desenvolvido. O escopo do produto desenvolverá as características para o qual este se tornará útil ou necessário.

Diferenciá-los é importante na medida em que uma equipe precisa definir exatamente o que pretende produzir, e uma empresa o que pretende fornecer. Um dos meios mais eficientes ainda é ter claro o que o cliente precisa. Mediante perguntas claras, diretas e precisas é possível obter do cliente os dados necessários para transformar um projeto no produto que este deseje.

Principalmente, diferenciando objetivo imediato do objetivo final a ser alcançado pelo produto do projeto. Um exemplo muito comum ocorre no turismo, onde um órgão municipal pode solicitar um produto como um evento com o objetivo de dar visibilidade à localidade. Temos dois objetivos, um imediato que é a realização de um evento, como um congresso ou festividade amplamente conhecida. O outro objetivo, é o final, que é justamente o aproveitamento do objetivo inicial, ou seja, a visibilidade à cidade. À primeira vista, ambos podem ser o mesmo, mas, apresentam duas variáveis importantes e diferentes.

Percepção de diferença entre os diferentes objetivos de um projeto

Perceba que a razão ou principal objetivo do projeto é, na verdade, dar maior visibilidade à cidade atraindo mais turistas a partir daquele evento. Portanto, ao desenvolver o projeto, os planejadores precisam ter em mente que o objetivo final é mais importante que o objetivo inicial, pois resultará em maior exposição da cidade. Disso decorrerá o tipo de mídia utilizada, o público alvo do evento, os meios necessários para a divulgação, a abrangência da divulgação do evento e principalmente dos recursos necessários para que o objetivo final seja alcançado. Trata-se de algo que precisa ser deixado bem claro para o cliente para que o projeto seja desenvolvido a contento de ambas as partes.

Prazo e Custo

Além do escopo, o prazo e o custo são variáveis de grande importância. Uma por delimitar o tempo disponível para entregar o projeto, e a outra por impor restrições orçamentárias. Dificilmente um projeto terá um orçamento sem restrição de gastos. De um modo geral, tempo e dinheiro são recursos escassos contabilizados por cada minuto e centavo despendido.

Dentre os fatores que influenciam a questão do prazo, está a necessidade de entregar um projeto na data solicitada pelo cliente. Um parque de diversões precisa ser entregue na data prevista, evitando-se sofrer atrasos que podem interferir na inauguração e resultar em prejuízos. O mesmo pode ser dito de um hotel que será aberto numa data anterior a um grande evento como uma Olimpíada. Inaugurá-lo após o evento resultará na perda da venda de numerosas e rentáveis diárias.

Não é raro contratos estipularem multas por algum atraso que ocorra, mesmo em casos fortuitos ou de força maior. No setor privado, o atraso no prazo pode significar também a perda de clientes rentáveis e a conquista de uma má reputação no mercado. Em outras circunstâncias, o prazo pode ser crucial para que uma empresa lance seu produto em tempo hábil para algumas épocas como o Natal, Dia dos Namorados ou outra data que resulte em aumento de vendas. Possibilita também que uma empresa lance um produto antes da concorrência, conquistando uma posição de destaque no mercado.

Para desenvolver um cronograma adequado, é importante analisar o ciclo de vida do projeto. Muitos projetos terminam com outros já solicitados para que a mesma equipe os desenvolva. Ademais, alguns projetos são partes de outros, terminando um, inicia-se outro em seguida.

Ciclo de vida de um projeto em fases

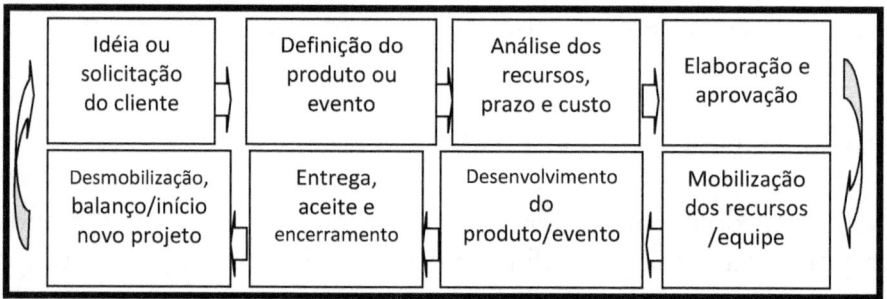

Para que o projeto consiga atingir seu objetivo e obedecer as fases programadas no planejamento, é de indiscutível importância manter um cronograma detalhado incluindo cada fase, para acompanhamento do desenvolvimento das atividades.

Cronograma básico de execução do projeto de uma pousada

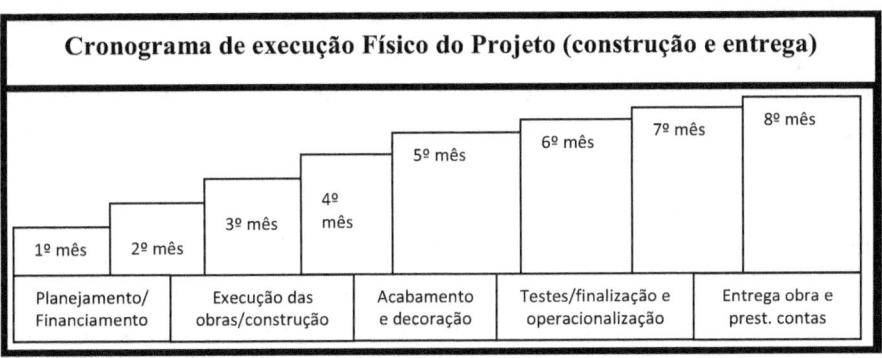

Cronogramas são ferramentas essenciais para controle das atividades, para que ocorram no tempo previsto. Caso o andamento não ocorra como planejado, torna-se necessário novo planejamento levando-se em conta o tempo de entrega do projeto, montante de tarefas a serem executadas e etapas a serem seguidas, demandando nova revisão e se for o caso, estabelecendo novas datas.

Os custos envolvidos no projeto costumam extrapolar o montante de recursos destinado a ele, tendo em vista a impossibilidade de se fazer previsões acertadas diante de algo que foi apenas estimado. Isso porque projetos trabalham com estimativas de orçamento, e com uma margem de erro, que deve ser minimizada o máximo possível.

Com exceção dos projetos que já tiveram modelos similares realizados anteriormente, cujos custos são amplamente conhecidos e passíveis de serem calculados; a grande maioria está sujeito a eventos adversos durante sua execução. A participação de profissionais especializados no projeto ou uma nova tecnologia pode baratear o custo final, assim como uma greve prolongada de órgãos do governo responsáveis por componentes específicos, pode impedir a entrada e saída de produtos essenciais, encarecendo um projeto de valor já consolidado. Razão pela qual o planejamento é essencial no processo inicial.

Ao estimar o custo, o responsável pelo projeto precisa ter em mente a necessidade de diferentes recursos para sua realização. Os profissionais envolvidos serão remunerados por hora ou mês (salário); quantos profissionais e quais serão necessários; utilizará um espaço existente ou precisará de outro; possui equipamentos como de informática e de escritório ou será necessário adquiri-los; materiais como papel, café, aluguel de outros itens serão computados?

Alguns projetos demandam viagens, exigindo transporte, alimentação e hospedagem para algum membro ou mesmo toda a equipe. Tais custos não podem passar despercebidos entrando também no cômputo geral. Embora seja difícil estimar todas essas variáveis com antecedência, os erros podem ser minimizados com a contratação do serviço de profissionais especializados em cálculos (também incluídos no custo do projeto) e que possa anexar suas respectivas memórias de cálculo. A composição dos custos não apenas será útil para o orçamento do projeto, mas refletirá também no preço do projeto. O preço do projeto dependerá diretamente do custo do projeto.

Outras ferramentas também podem ser utilizadas para representar graficamente o montante de recursos (percentualmente) que será desembolsado durante a execução do projeto (meses ou anos). Uma tabela pode ser mais específica, contendo datas e mesmo valores de acordo com o programa proposto.

Desembolso de recursos em meses para determinado projeto
(em percentual)

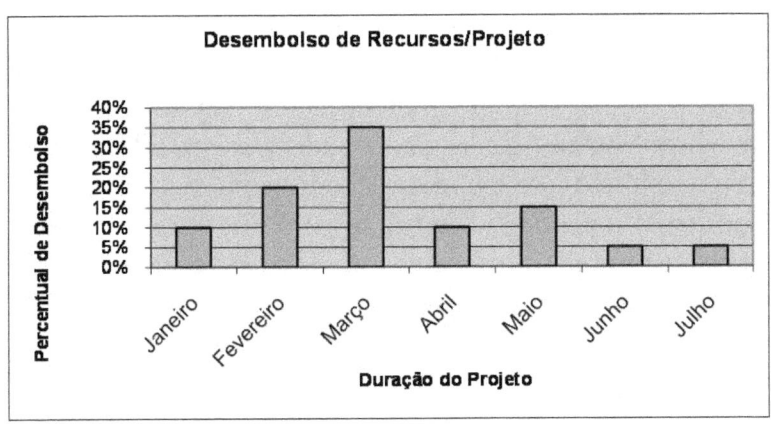

Os gráficos podem conter dados diversos como percentual de recursos desembolsados, andamento de obras, divisão por etapas a serem atingidas em determinado período. O importante é que transmita a informação correta e precisa ao profissional que analisará os dados apresentados. Os gráficos aqui apresentam um exemplo de valores desembolsados em cada fase ou etapa, assim como no montante percentual do projeto.

Desembolso em valores para cada etapa do projeto

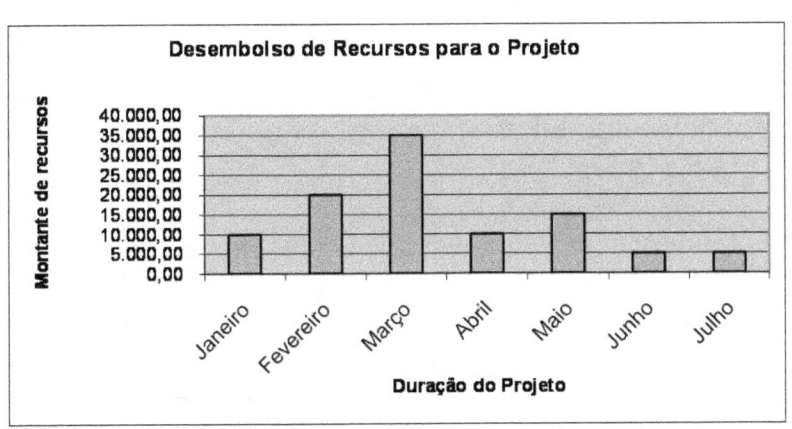

É de grande importância que todo projeto possua também um gráfico de acompanhamento das atividades previstas. É muito comum, devido a fatores diversos ou adversos, alguma fase ou etapa atrasar, atrasando também as demais em seqüência, e todo o projeto ao final. Rever constantemente todas as fases possibilita fazer novas previsões, analisar fases ou etapas onde pode-se ganhar tempo, ou onde este não poderá ser perdido, procurando atender ao previsto no calendário de entrega.

Conforme o gráfico seguinte mostra, logo no terceiro mês as atividades sofreram um pequeno atraso, repercutindo nas etapas seguintes, se estas dependerem da etapa anterior. O que tornou necessário alterar outros fatores, como a data final de entrega do projeto, aumento do montante de atividades nas etapas seguintes para entregar no prazo contratado (sem comprometer a segurança do projeto), ou outra solução para o projeto.

Diante de problemas dessa natureza, alguns projetos cujas fases são interdependentes dependerão de nova previsão para que sejam concretizados. As fases isoladas podem e devem continuar se estas não afetarem o resultado final. Nas fases interdependentes, em que a anterior precisa estar pronta para que a próxima seja completada, deve-se evitar a aceleração perigosa do projeto, podendo levar a erros e falhas, resultando na indesejada Lei de Murphy, cujos enunciados apregoam:

1. Se algo de errado tiver que ocorrer, ocorrerá. (*If anything can go wrong, it will*)
2. Se algo de errado tiver que ocorrer, ocorrerá, no pior momento possível. (*If anything can go wrong, it will, at the worst possible moment*)

É comum que equipes eficientes em grandes empresas preverem problemas durante o decorrer de um projeto, e deixar algum tempo extra para saná-los. Outras equipes preferem computar um tempo complementar para problemas que podem surgir durante o planejamento e operacionalização, e que acabam invariavelmente sendo útil.

Como exemplo, temos grandes construtoras que atuam em áreas com grande precipitação pluviométrica em determinadas épocas do ano. Dependendo do tipo de construção, a chuva pode atrasar as obras, exigindo maior tempo para entrega da construção. Portanto, torna-se comum inserir este tempo no projeto. É digno de nota que, existe empresas que atuam no mercado ofertando serviços de previsões metereológicas para quem precisa programar eventos e obras por longos períodos, ou ainda meses adiante. Outras ferramentas são os softwares que auxiliam no desenvolvimento dos mais diversos projetos.

Revisão de atividades realizadas em cada fase ou etapa

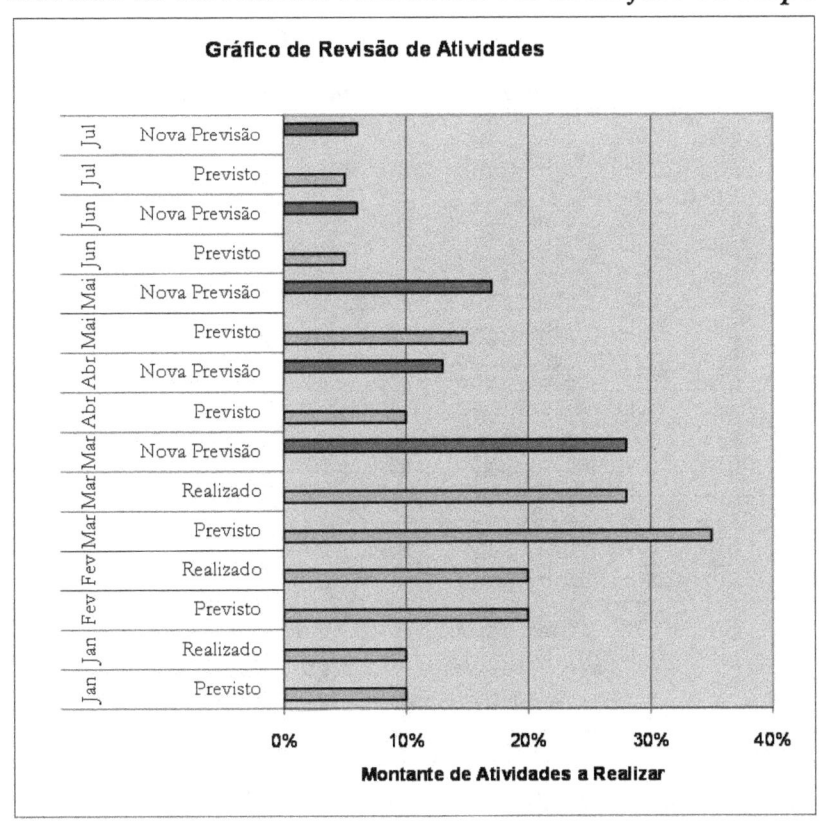

Diante da possibilidade do projeto sair facilmente do controle nos quesitos tempo e recursos, as ferramentas de controle são essenciais para o seu sucesso, ou, para que ao menos esteja dentro do orçado. Outra ferramenta refere-se aos custos do projeto, cujo controle deve ser estrito para evitar perdas, desperdícios e conseqüentemente resultando em prejuízos. Atualmente, já existem programas que em poucas horas, fornecem com alto grau de acerto o custo de uma construção, de uma casa a um prédio.

No gráfico abaixo, percebemos que o montante investido no projeto foi utilizado nos dois primeiros meses, caindo no terceiro mês, mas extrapolando nos demais. Normalmente, sempre há alguma diferença entre o custo orçado (estimado) e o custo realizado. Essa diferença pode ser a maior ou menor, dependendo dos insumos e resultados do projeto.

Diferença entre o montante orçado e o realizado

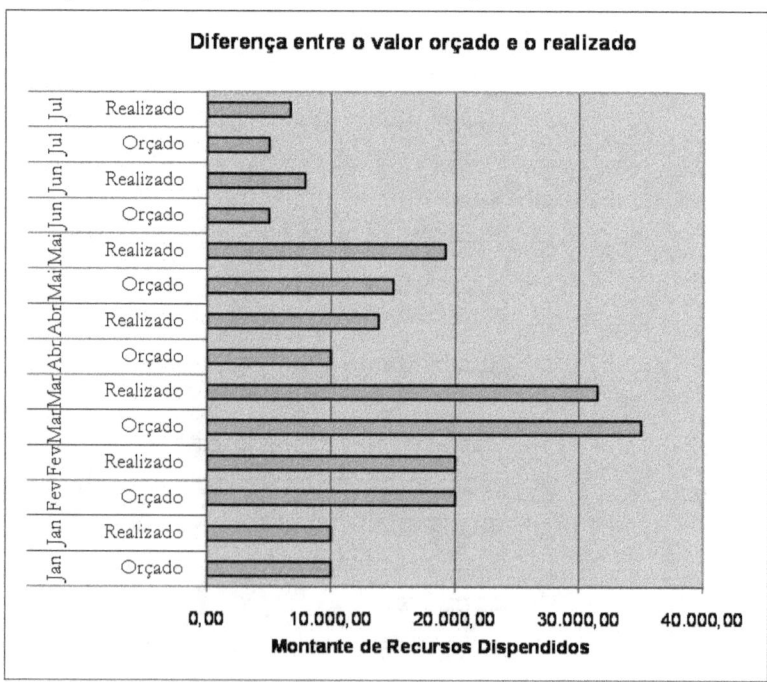

Diante das possibilidades de erros e falhas não intencionais, deve-se criar ou adotar mecanismos que minimizem qualquer ocorrência adversa, como ferramentas de avaliação de projetos. Reduz-se consideravelmente os riscos inerentes a novos projetos e maximiza-se as potencialidades de sucesso a cada nova empreitada.

Critérios de avaliação de projetos novos propostos

CRITÉRIOS DE AVALIAÇÃO DE PROPOSTAS DE PROJETOS					
ESCOPO					
1. O projeto tem um produto claramente definido.	1	2	3	4	5
2. A lista de componentes está claramente definida.	1	2	3	4	5
3. A proposta indica claramente a necessidade a ser atendida ou problema a ser resolvido pela realização do projeto.	1	2	3	4	5
4. O produto do projeto é coerente com a necessidade/problema.	1	2	3	4	5
5. As especificações de desempenho dos produtos estão claramente definidas.	1	2	3	4	5
PRAZO					
6. As atividades a serem realizadas estão claramente definidas.	1	2	3	4	5
7. As atividades estão associadas a prazos.	1	2	3	4	5
8. As atividades são necessárias para a realização dos produtos.	1	2	3	4	5
9. O seqüenciamento das atividades tem lógica.	1	2	3	4	5
RECURSOS					
10. Os recursos necessários à realização do projeto estão claramente definidos.	1	2	3	4	5
11. Os recursos previstos estão corretamente dimensionados e são necessários para a realização do projeto.	1	2	3	4	5
12. Se os recursos previstos forem aplicados, as atividades poderão ser realizadas e os objetivos serão atingidos.	1	2	3	4	5
13. Os meios de obtenção dos recursos estão claramente definidos.	1	2	3	4	5
14. As responsabilidades pela obtenção de recursos estão claramente indicadas.	1	2	3	4	5
15. A obtenção de recursos é viável.	1	2	3	4	5
16. As pessoas previstas para a equipe estão identificadas.	1	2	3	4	5
RESTRIÇÕES					
17. As restrições que podem dificultar o projeto estão claramente identificadas.	1	2	3	4	5
18. As restrições referem-se a condições que estão além do alcance da equipe.	1	2	3	4	5
CONTROLE					
19. A proposta indica como o desempenho do projeto será avaliado.	1	2	3	4	5
20. A proposta indica como deverão ser tomadas medidas corretivas para assegurar o andamento do projeto.	1	2	3	4	5
AVALIAÇÃO DA EQUIPE					
21. Quem elaborou a proposta?	1	2	3	4	5
22. Qual a experiência anterior dessas pessoas? Em quais projetos estiveram envolvidas?	1	2	3	4	5
23. Quais os resultados?	1	2	3	4	5
ASPECTO GERAL					
24. Qual a impressão geral causada pela proposta?	1	2	3	4	5
25. Qual o nível de qualidade da linguagem?	1	2	3	4	5
26. Qual o nível de qualidade das proposições e de sua lógica interna?	1	2	3	4	5

Fonte: Maximiano (2006, 99)

Antes de partir para o desenvolvimento de um projeto de um produto ou serviço, é de grande valia apresentar um esboço ou avaliação da proposta de projeto. Esse instrumento permite apresentar uma proposta simplificada de um projeto, que se for aprovado poderá ser apresentado de forma detalhada e com maior grau de acerto.

O modelo adotado por Maximiano está interligado, envolvendo a coerência dos elementos do plano operacional, determinando a possibilidade de realização dos produtos, estes dos objetivos numa seqüência progressiva. Pode não ser necessário seguir ordeiramente os processos, assim como os próprios indicadores nem sempre se apliquem a todas as propostas, servindo de base para a avaliação de proposta de avaliação de um novo projeto.

Capítulo 4

A ORGANIZAÇÃO DO PROJETO DENTRO DA ESTRUTURA FUNCIONAL DE UMA EMPRESA

Sendo na maioria das vezes empreendimentos temporários, é comum uma empresa criar uma equipe de projeto específica para desenvolver determinado produto. Outras equipes que costumam atuar em consultorias são fixas, tendo um ou outro membro incluído para produzir o resultado desejado. É o caso de escritórios de engenharia, cujos profissionais que atuam são geralmente os mesmos.

Dada a multidisciplinaridade de alguns projetos, e a interdisciplinaridade necessária para que todas as fases sigam uma seqüência lógica, os envolvidos acabam criando formas de organizarem-se visando obter o melhor resultado possível do esforço concentrado.

A estrutura organizacional costuma influenciar a organização de equipes, tornando-as às vezes muito parecidas à estrutura existente na empresa. Dentre as principais formas temos a organização temporária, cuja estrutura é criada apenas para desenvolver o projeto, tendo os membros de volta às funções normais ao seu final.

Quando a equipe é composta por especialistas multidisciplinares, é comum a organização centralizada nas especialidades que dominam. É comum em projetos de resorts e grandes parques em ambientes naturais, onde profissionais como turismólogos, biólogos, engenheiros ambientais e outros são necessários. Outras equipes se voltam para as diferentes partes do produto, como a organização de um evento internacional. Há grupos ou profissionais que cuidam da segurança, outros da alimentação, dos transportes, da hospedagem dos visitantes, entre outras áreas.

Outras formas de estruturação de equipe de projetos ocorrem com grupos estabelecidos em diferentes regiões do país ou do mundo, produzindo cada qual uma parte diferente da outra, e resultando no produto final. A exemplo de alguns automóveis, que diferentes partes são desenvolvidas por grupos que jamais se viram, em diferentes partes do mundo, seguindo is mesmos padrões e especificidades técnicas.

Cada projeto tem uma exigência particular, e segue a tendência do seu responsável ou da empresa que o propõe. Em algumas o projeto é desenvolvido como uma atividade adicional na rotina do profissional. Em outras empresas, são formadas equipes próprias para atuar num projeto específico. Isso o torna mais caro, e costuma ser menos comum que o modelo anterior.

Independente do modelo adotado, cada estrutura deve ser analisada de acordo com os resultados desejados. Contudo, quanto menos superiores hierárquicos ou pessoas na escala de comando, maior a agilidade no processo de desenvolvimento. Um organograma extenso demais pode gerar atrasos em decisões rápidas refletindo no resultado final do projeto.

Trabalhando em equipe

Sem sombra de dúvida, um das maiores dificuldades é montar uma equipe de trabalho que seja coesa, participativa, cuja informação flua livremente entre todos e torná-la produtiva. Reunir pessoas com competências diversas, muitas das quais pouco dispostas a acordos ou cujo ego é maior que sua capacidade, é uma tarefa árdua.

Por outro lado, é possível reunir pessoas comprometidas com o projeto em que estão envolvidas, dispostas a contribuir e enriquecer a si próprio e aos colegas com sua participação. Equipes eficientes permanecem unidas e produzem mais resultados por comprometerem-se com resultados desde o início. Entendem bem o significado da palavra "sinergia", e de como um pode ajudar o outro. Como entendemos: *"The whole is greater, than the sum of the parts"*, ou: "O todo é maior, do que a soma das partes".

Embora não haja um número específico de pessoas que possa constituir uma equipe, podendo ser composta inclusive de uma única pessoa, quanto maior a equipe, mais são as variáveis a serem consideradas. Principalmente quando se trata de equipes diferentes que sucedem outras no desenvolvimento de um produto ou serviço.

Especialmente no turismo, onde grandes projetos demandam a participação de profissionais de diferentes áreas, manter a equipe coesa e motivada, pode se tornar um desafio, tendo em vista a especialização de cada membro da equipe, que pode obrigar os demais a levar em consideração a competência profissional de cada um. Conflitos acabam sendo algo comum, desde que não evoluam para atritos e dissensões dentro do grupo.

Uma liderança eficiente é um dos primeiros passos para que o grupo permaneça unido. Com o desenrolar das atividades, outras lideranças internas podem surgir e ser estimuladas a atuar, desde que mantendo o espírito de equipe. Todos devem ter um objetivo claro do que estão produzindo, devem sentir-se parte da equipe, e uma falha sua pode prejudicar todo o trabalho.

Da mesma forma que interesses individuais podem minar o sucesso do projeto, a confiança excessiva também pode ser danosa. Algumas equipes se tornam avessas a interferências positivas externas, sentindo-se donas da verdade e não aceitando qualquer sugestão de mudança ou de correção de direção. Não é raro erros ocorrerem em projetos, por especialistas não darem ouvidos a ajudantes, auxiliares e assistentes.

Projetos podem estar fadados ao fracasso quando os componentes da equipe anulam-se em benefício da equipe. A contribuição individual é de grande importância, mesmo quando discordando dos métodos adotados. Embora o consenso deva prevalecer, opiniões contrárias podem trazer à razão a membros de uma equipe que não ousem discordar publicamente. Muitos concordam com uma decisão porque os demais já o fizeram.

Outro grande problema ocorre quando alguns membros concordam com algum aspecto do projeto externamente, mas no íntimo discordam, por aceitação no grupo ou ainda imaginando que isso é o que seus colegas de equipe esperam de sua pessoa, mais conhecido como o Paradoxo de Abilene.

Trabalhar com semelhantes nem sempre é fácil, com estranhos é ainda mais difícil. Conviver com familiares e pessoas que nos são caras, exige paciência e em alguns momentos precisamos relevar alguns problemas. Em uma equipe multidisciplinar, esses problemas podem assumir proporções tais, que afetam o andamento do projeto.

Principais problemas que afetam grupos de trabalho

Falta de Coesão	Cada um dos integrantes trabalha para si.
Excesso de Coesão	O grupo torna-se refratário a idéias alheias.
Conformidade Social	Os membros do grupo concordam automaticamente com uma proposição, se percebem que um colega já concordou.
Paradoxo de Abilene	Os membros do grupo concordam explicitamente com uma proposição da qual discordam intimamente, por acreditarem que fazem o que os colegas esperam.
Pensamento Grupal	Os membros do grupo tomam decisões que ignoram considerações relevantes, por se acharem acima do bem e do mal.
Pretorianismo	Uma modalidade específica de pensamento grupal. Os membros do grupo acham-se melhores que seus chefes e se rebelam contra eles.
Desorganização	Os membros do grupo não conseguem dividir e coordenar tarefas.
Falta de Comunicação	Os membros do grupo não conseguem ou não querem trocar informações relevantes.

Fonte: Maximiano (2006, p. 159)

Diferenças individuais, profissionais, técnicas e mesmo o "ego" de alguns profissionais, pode resultar em dificuldades evitáveis, se, a equipe criar um código de comportamento baseado no respeito pessoal e profissional, e na predisposição em colaborar com os demais colegas. A comunicação precisa ser clara e fluir livremente entre os membros do projeto, partindo principalmente do responsável pela equipe.

Maximiano (2006, p. 159) elenca os principais problemas que podem comprometer o trabalho que uma equipe desenvolve, se não ficarem atentos aos sintomas apresentados logo no início de cada projeto, perceptível nas primeiras reuniões. São problemas simples, mas que podem levar um projeto de sucesso ao fracasso, devido a uma interação equivocada entre os membros do grupo.

Criar equipes de sucesso pode ser difícil, pertencer a uma delas mais ainda. Contudo, a grande maioria dos profissionais gostaria de participar de equipes cuja excelência seja reconhecida. Algo que pode ser usado para atrair os melhores. Criar uma identidade própria para a equipe, possuir um plano de recompensas por resultados obtidos e o reconhecimento pelo trabalho desenvolvido, costuma refletir na disposição da equipe em superar os objetivos estabelecidos em menor prazo que o normalmente estipulado.

A comunicação interna na equipe

A equipe do projeto precisa comunicar-se com os demais departamentos e/ou setores da empresa em que estes são desenvolvidos. Como alguns fatores são externos à equipe, essa comunicação facilita a oxigenação do grupo, evitando que fique estanque e alheio ao restante da empresa. Para evitar que problemas de comunicação ocorram, estes devem ser trabalhados desde o primeiro dia em que a equipe reunir-se. A comunicação deve ser franca e fluir livremente entre os próprios membros do grupo, mesmo as formais e documentadas. As figuras seguintes mostram a importância da comunicação entre a equipe de projeto e os demais setores dentro da empresa ou organização.

Processo de comunicação e feedback dentro da equipe de projeto

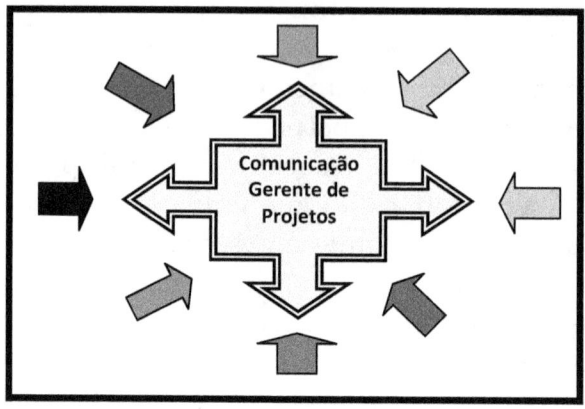

A comunicação da equipe com os demais setores da empresa, também tem sua importância fundamental no desenvolvimento de projetos. Exceto nos casos em que o projeto seja sigiloso, a troca de informações com os demais setores não apenas oxigena a equipe de projetos, como possibilita que as possíveis falhas sejam sanadas a tempo. As barreiras de comunicação entre setores ou departamentos, costumam ficar evidentes quando percebe-se que determinados problemas poderiam ter sido evitados, se os departamentos se comunicassem desde o início.

Comunicação externa (demais departamentos da empresa)

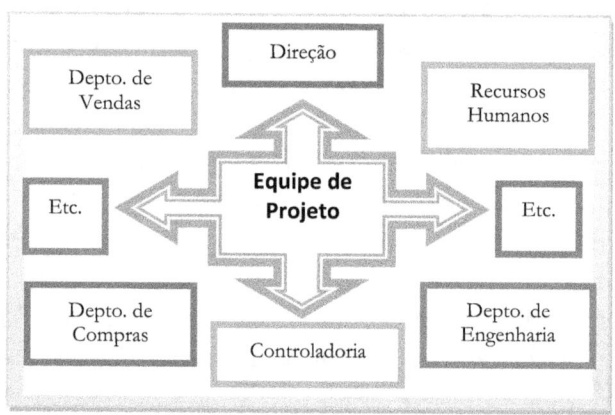

A comunicação envolve as informações que serão geradas pelo projeto, e que, mesmo não sendo importante naquele instante poderá ser futuramente. São inúmeros os produtos lançados no mercado e que foram variantes de outros, dado o aproveitamento das informações geradas e armazenadas corretamente, especialmente em alguns segmentos do turismo que seguem padrões pré-definidos.

O conjunto de informações permite preparar-se com antecedência para enfrentar problemas muito comuns no turismo, especialmente no setor de eventos. A própria sabedoria popular nos ensina a aprender com os erros alheios, pois jamais conseguiríamos viver o suficiente para aprendermos com todos os nossos erros. Assim, o conjunto de informações deve abranger problemas que ocorrem quando menos esperamos, o desenvolvimento da documentação apropriada para cada evento, e principalmente, dispor sempre de um plano de contingências para emergências.

Em eventos como congressos, shows (apresentações culturais) e outros tipos de eventos, exige do responsável um elevado senso de organização e planejamento. Não é incomum ocorrer na véspera de um congresso, um dos palestrantes avisar que está doente ou acidentado e não participar mais. Ter um segundo profissional em vista, é essencial para evitar problemas futuros quando já não é mais possível cancelá-lo. Obviamente isso deverá ser previsto em contrato, como as boas empresas e grandes eventos já fazem.

A própria documentação que servirá de divulgação do evento, deverá contemplar informações com suporte jurídico, sobre número mínimo de participantes, "casos fortuitos" ou de "força maior" que podem impedir a realização do evento, resultando em processos de ressarcimento acima da capacidade dos organizadores. A falta de informações claras ou precisas dos responsáveis pelo projeto, pode deixar os organizadores de linha de frente com grandes problemas.

Como todos os que atuam em segmentos altamente suscetíveis a fatores externos sabem, todo projeto precisa ter um plano "B", em caso de problemas de natureza diversa. Como a falta de energia elétrica durante um show, exigindo a contratação de geradores. Mesmo com algum tipo de prejuízo interno, o show pode continuar. O mesmo pode ocorrer com congressos e outros eventos. A análise de uma segunda alternativa deve ser prevista já no projeto, como fatores locacionais. Se não for possível realizar o evento em um espaço, que outra opção viável haveria, e assim por diante.

O papel da liderança em projetos

Para Arthur Diniz, "Liderança é a capacidade de inspirar, motivar e movimentar pessoas a atingir e superar metas, ultrapassando aquilo que aparentava ser seus limites. É a capacidade de tornar a visão do futuro clara e atraente para todos. E, finalmente, a capacidade de inspirar confiança 'cega' nos seus seguidores" (2005, p. 21). Para Diniz, trata-se de alguém que consegue aglutinar no seu entorno, pessoas que confiam na sinceridade e honestidade do líder incondicionalmente.

Conforme argumenta, a grande diferença entre líderes e gerentes, é que enquanto os gerentes coordenam pessoas e cuidam da gestão dos negócios; o líder constrói negócios e transforma pessoas. Como citado por Bernardinho (técnico da tricampeã Seleção Brasileira de Vôlei), "Eles podem eventualmente duvidar da minha forma de fazer as coisas, mas nunca da minha intenção" (*ibidem*). A liderança é primordial para que projetos, sejam bem sucedidos, independente de quão pomposo é o cargo ou a função de quem a exerce.

Liderança é, portanto, a habilidade de influenciar pessoas em torno de um objetivo comum, podendo ser aprendido e desenvolvido por qualquer pessoa que desejar. O líder consegue influenciar os seus comandados, a se envolverem e desenvolverem as atividades necessárias sem a necessidade de coação. Esta é uma das características da liderança, usar sua autoridade e não seu poder para conseguir que os liderados ajam com boa vontade.

Um líder eficaz não se impõe aos demais dando ordens e criando regras, usando o poder para amedrontar e obter resultados. Ao contrário, identifica as necessidades de seus liderados procurando satisfazê-las para que atinjam seus objetivos. Principalmente em projetos, onde a liderança é fundamental em manter as relações interpessoais fluindo resultando em produtividade. Uma liderança eficiente influencia os liderados positivamente.

Como muitos projetos podem durar meses ou anos, a confiança precisa ser construída mantendo-se bons relacionamentos, ao passo que as atividades são desenvolvidas. É o cimento que sedimenta a equipe e os estimula não apenas a participar, como a dar o melhor de si sempre. Uma equipe motivada será sempre produtiva e refletirá o comportamento de quem estiver na liderança.

Como os estilos de liderança são diferentes de uma empresa para outra, os resultados também serão. Alguns líderes são autocráticos e autoritários enquanto outros são democráticos. Uns focam a tarefa e outros o resultado. Uns delegam, outros centralizam. Enfim, os estilos variam muito conforme a formação e orientação do líder. Em projetos que os liderados são subordinados diretamente e altamente dependentes do líder, este consegue manter seu poder ou autoridade facilmente.

Nos casos em que a equipe é multidisciplinar, composta por especialistas de diferentes áreas, como ocorre em grandes projetos de lazer e turismo, o perfil do líder pode influenciar grandemente os resultados, tendo em vista o alto grau de especialização de sua equipe, e portanto, de aceitação de imposições que não sejam legítimas.

Cabe ao líder eficaz, perceber a configuração de sua equipe, e conduzi-la de forma a extrair os melhores resultados possíveis, individual ou coletivamente. É o líder que dita a velocidade do projeto, e sua habilidade em aglutinar pessoas, motivá-las e influenciá-las, determinará em grande parte o sucesso do empreendimento.

O cargo ocupado pelo responsável por uma equipe de projetos pode variar de uma empresa para outra. Atualmente, é possível encontrar grupos com Líder de equipe de projetos; Coordenador de projetos; Gerente de projetos, ou ainda Diretor de projetos. Independente do título ou cargo, trata-se do profissional que viabilizará o trabalho dos demais membros de uma equipe ou grupo de trabalho.

Não precisa ser necessariamente o maior especialista da equipe, precisa sim, reunir em si algumas características que possibilite assumir a liderança de um grupo de pessoas. Há inúmeras formas de liderança exaustivamente discutidas em livros de administração. A melhor é sempre aquela em que consegue unir a equipe em prol de um objetivo ou projeto bem sucedido. O responsável pela equipe lidará com diferentes profissionais, que contribuirão em maior ou menor grau, dependendo da forma que forem conduzidos. Além de saber lidar com gente, cada gestor tem características pessoais próprias, precisando cuidar para que estas também não interfira no projeto ou negativamente no grupo.

A responsabilidade também pode variar bastante. Pode ser um Diretor de Projetos, responsável por um grande projeto como a construção de um resort, composto por vários outros sub-projetos, cada um sob a responsabilidade de um gerente de projetos. Com total autonomia e liberdade de utilização de recursos. Como também, pode ser um Líder de Projetos, subordinado a um departamento de uma grande empresa, com pouca autonomia ou necessidade de autorização para cada etapa desenvolvida.

Pode ser um gerente de projetos com equipe própria, dedicada integralmente às atividades desenvolvidas; ou ainda, uma equipe montada para desenvolver um projeto, sem deixar de lado as atividades normais dentro da empresa. Cada projeto apresentará desafios peculiares, às vezes incomuns, que independente do responsável, este terá que lidar.

Dentre as atividades básicas que todo responsável por projetos precisa desenvolver, seja líder, coordenador ou gerente, estão:

- Fazer projeções e estimativas baseadas no prazo e no custo do projeto;

- Criar, preparar e apresentar relatórios regulares de prestação de contas, informando a utilização dos recursos e acompanhamento do projeto, com possíveis atrasos ou vantagens obtidas;

- Manter um canal de comunicação aberto entre todos os membros do grupo (formal e informal), eliminando atritos e tirando proveito de eventuais conflitos;

- Detectar necessidades e viabilizar os recursos necessários, seja materiais ou humanos, e prover a equipe do que necessitam para desenvolver suas atividades, garantindo que o projeto não sofra atrasos e interrupções desnecessárias;

- Eliminar desvios acompanhando as atividades, para que o projeto não fuja do plano traçado;

- Montar equipes com o perfil necessário para o desenvolvimento do projeto, ou ainda, mobilizar pessoas para dar suporte aos membros da equipe de projetos;

- Realizar visitas precursoras, quando necessárias, para manter a equipe informada das reais condições e ambiente de trabalho no local do projeto;

- Garantir que as normas técnicas específicas de cada área sejam respeitadas e seguidas nas atividades que forem desenvolvidas;

- Apresentar o projeto para os investidores e/ou clientes, defendendo, arrazoando e justificando os caminhos seguidos, ou medidas tomadas;

- Negociar e pleitear recursos e verbas complementares para o projeto, em casos que o valor foi subestimado ou o custo será maior que o inicialmente previsto;

- Preparar relatórios com prestações de contas regulares durante o projeto, e prestação de contas final, no encerramento do projeto.

Capítulo 5

A UTILIZAÇÃO DE TABELAS, GRÁFICOS E PLANILHAS EM PROJETOS

Embora o texto discursivo seja importante para descrever o projeto nos seus pormenores, torna-se necessário instrumentos que tornem possível visualizar rapidamente as informações numéricas e econômicas, assim como dados estatísticos que este contenha. A melhor maneira de organizar dados numéricos, é colocando-os em gráficos, planilhas e tabelas.

Dentre sua finalidade, temos:

✓ Poupar tempo e esforço desnecessário durante a análise dos dados;
✓ Destacar os fatos que sejam realmente significativos na análise;
✓ A apresentação de dados de forma rápida e clara a quem analisa;
✓ Demonstrar numericamente o presente, viabilizando a análise do futuro;
✓ Facilitar a comparação e análise facilmente durante a visualização;
✓ Destacar os dados mais significativos para uma análise;
✓ Registrar informações de forma periódica e cotidiana;
✓ Dentre outras.

A utilização dessas ferramentas permite que qualquer profissional possa analisar os dados e informações transmitidas pelo proponente do projeto, de forma rápida, fácil e clara. Permite ao técnico fazer uma análise sem ser tendencioso e percebendo as inferências que possam surgir nas informações apresentadas.

Diante da grande quantidade de dados apresentados normalmente em um projeto, é essencial apresentar tabelas que contenham as informações necessárias, e que possam facilitar cômputos e cálculos essenciais, tanto na elaboração quanto na análise dos recursos ou inversões necessárias. A tabela tem sido uma das formas mais utilizadas para organizar dados numéricos, organizando cálculos realizados anteriormente indicando os resultados obtidos.

As tabelas podem variar das mais simples às mais complexas, como as descritivas do montante de equipamentos e materiais necessários para montar uma pousada. Abaixo segue alguns modelos simples de tabelas utilizadas para descrever os materiais utilizados no projeto de uma pequena pousada. Os valores podem ser em Real, Dólar, Euro, Libra ou outra moeda de acordo com o país que utilizá-la.

Discriminação de gastos de investimento inicial em uma pousada (modelo simplificado)

Investimentos realizados	Quant.	Valor Unitário	Valor Total
Aquisição de propriedade ou terreno		$	$
Adaptações ou benfeitorias		$	$
Construções ou reformas		$	$
Equipamentos de lazer (*playground*, etc)		$	$
Atrativos (construção ou preparação)		$	$
Forno de microondas, elétrico		$	$
TV (especificar polegadas)		$	$
Aparelho de DVD		$	$
Aparelhagem de som / CD		$	$
Geladeira + Freezer (UH's e cozinha)		$	$
Fogão industrial, ou outros		$	$
Forno para pizza e pão, churrasqueira, etc		$	$
Utensílios domésticos (louçaria, etc)		$	$
Equipamentos lavanderia (tábua, tanque)		$	$
Máquina de lavar		$	$

Máquina de secar	$	$
Ar-condicionado (aparelhos ou central)	$	$
Ferro elétrico	$	$
Decoração (quadros, plantas, mesas, etc)	$	$
Enxoval de mesa (restaurante, mesas, etc)	$	$
Secador de cabelos -UH's, empréstimo, etc	$	$
Camas (casal, solteiro, beliche, etc)	$	$
Colchões (*king* ou *queen size*, outros)	$	$
Móveis (armários, guarda-roupas, etc)	$	$
Roupa de cama (enxoval)	$	$
Equipamento de comunicação (rádios, etc)	$	$
Telefonia (aparelhos, central telefônica, fax, etc)	$	$
TV a cabo (assinatura, antenas, etc)	$	$
Informatização (computadores)	$	$
Gastos em propaganda e marketing	$	$
Despesas de cartório (abertura de firma, registro em junta comercial, etc)	$	$
Serviços de infra-estrutura (piscina, sauna)	$	$
Veículo (compras ou para passeios)	$	$
Capacitação de recursos humanos	$	$
Uniforme de pessoal	$	$
Outros	$	$
	$	$
	$	$
Sub-total		$
Capital de giro		$
Mão-de-obra		$
Custos fixos		$
Custos variáveis		$
Sub-total		$
Total Geral		$

Há uma diversidade de tabelas e de possibilidades que podem ser utilizados para praticamente todos os modelos de projetos. Outro modelo, também simples, mostra a receita operacional a ser obtida e a origem desta de acordo com a venda de produtos e serviços. A tabela, ou quadro, pode ser feita semanalmente para um controle mais estrito, ou mensalmente, como ocorre normalmente.

Receita operacional mensal com a venda de produtos e serviços da pousada (modelo)

Discriminação	Quantidade	Receita unitária	Receita total
Diárias Apto. *Standard*		$	$
Diárias Apto. *Double*		$	$
Diárias Apto. *Triple*		$	$
Room-Service		$	$
Despesa de restaurante		$	$
Despesas de bar		$	$
Outros* (*city-tour*, passeios, etc)		$	$
Extras (quebras, danos, etc)		$	$
Total			$

* Se houver ou se for vendido pela própria pousada.

A tabela abaixo apresenta um modelo de pousada proposto pela *WWF*, exemplificando como são realizadas as inversões em um projeto de construção de uma pousada. Detalhando os custos individuais envolvidos no projeto.

Modelo de pousada e detalhamento de investimento

EXEMPLO DE ESPECIFICAÇÃO DO INVESTIMENTO						
Item	*Unida de*	*Qtde.*	*Valor un. em $*	*Valor total em $*	*Vida útil anos*	*Depreciação anual*
Construção Projeto arquitetônico	m2	1 1000	10.000 500	10.000 500.000	20	5%

Construção Paisagismo	m2	500	20	10.000		
Móveis						
Cama, colchões		60	250	15.000	10	10%
Armários		20	300	6.000	10	10%
Mesas, cadeiras		6/24	350	2.100	10	10%
Sofás, poltronas		4	300	1.200	10	10%
Balcão recepção		1	500	500	10	10%
Equipamentos Computador,		1	3.000	3.000	5	20%
impressora		2	1.500	3.000	5	20%
Telefone (2		1	300	300	5	20%
linhas), fax		2	1.000	2.000	5	20%
Microondas		1	500	500	5	20%
Geladeira,		2	600	1.200	5	20%
freezer		22	150	3.300	5	20%
Fogão		22	50	1.100	5	20%
Televisão, som						
Ventilador teto						
Chuveiros						
Outros Cama, mesa,		80	60	4.800		
banho		50	15	750		
Louças, talheres decoração			3.000	3.000		
Total				**567.750**		

Fonte: WWF (2003: p. 209)

Além das tabelas e quadros, os gráficos são amplamente utilizados como uma das ferramentas mais importantes atualmente, para analisar a importância das informações que serão transmitidas no conjunto ou em suas partes. Os gráficos podem ser:

Analíticos	Informativos
Objetiva estudar e analisar um determinado fenômeno. Neste tipo de gráfico, é preciso localizar e representar com a maior precisão possível os pontos de referência, as curvas e dados apresentados.	Objetiva informar determinado fenômeno. Procurar trazer a atenção do público para algum determinado elemento que deseja ressaltar, podendo ser tendencioso.

Ao apresentar um gráfico, é preciso que este contenha as informações prévias, ou uma breve apresentação, que permita ao profissional que o lê, interpretar corretamente as informações ali fornecidas. Para isso, o gráfico precisa ter clareza, exatidão e ser simples nos dados que apresenta.

Isso significa que, respectivamente, deve evitar que as informações apresentadas não devam ser interpretadas erroneamente; que os dados apresentados sejam verídicos e confiáveis; e que não dificulte a interpretação, direcione ou desvie a atenção do profissional que o analisa.

Os principais gráficos utilizados costumam ser os estatísticos e os de organização. Os de organização são mais conhecidos como o fluxograma, organograma, gráfico de Gantt dentre outros. Já os estatísticos, também bem conhecidos como os diagramas, gráfico de barras e de setores dentre outras. Segue uma breve descrição de algumas ferramentas muito utilizadas.

Gráfico de Barras

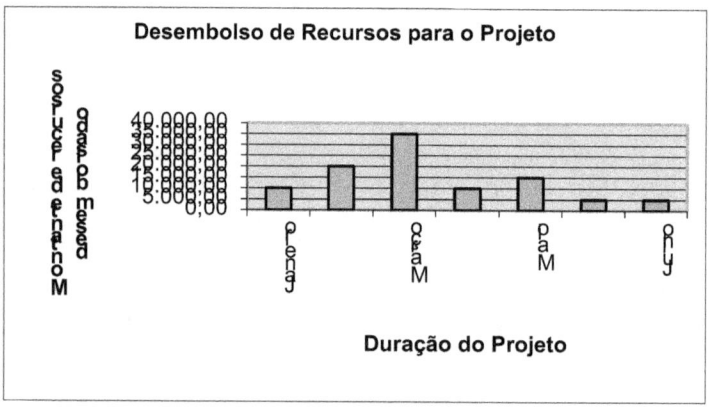

Muito utilizado em relatórios, jornais e projetos, o gráfico de barras costuma representar as grandezas com retângulos da mesma largura. O comprimento das barras representa os valores numéricos que encerram as grandezas. Em jornais e livros, é muito comum ver as barras serem substituídas por figuras humanas quando representam população; moedas representando investimentos ou gastos; figuras masculinas e femininas representando populações ou aspectos respectivos, dentre outros meios que os torne mais atrativos.

Gráfico de Setores

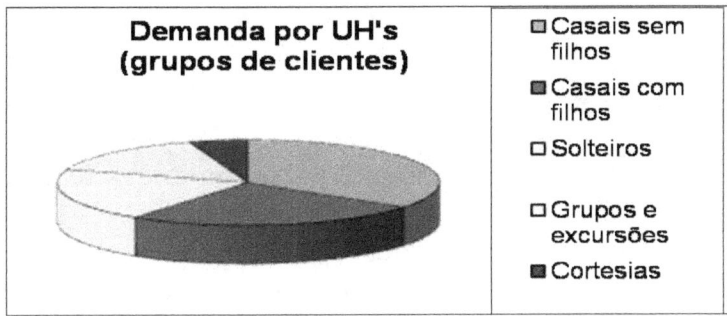

Trata-se de um gráfico de forma circular, conhecido vulgarmente como gráfico de pizza, dado o formato dos setores que são as divisões internas. Cada setor corresponde a um valor numérico, representando um determinado percentual do todo. Possibilita uma visualização fácil e rápida do percentual que se quer mostrar.

Gráfico de linhas

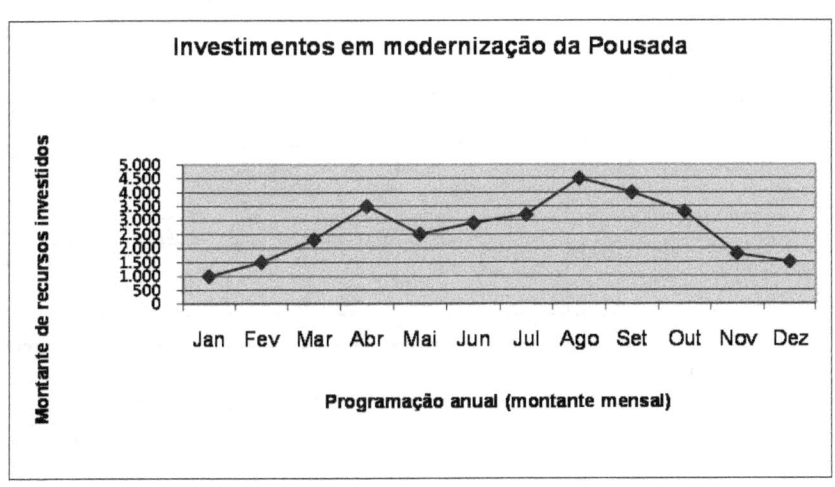

Útil para representar uma infinidade de grandezas que abrangem de produção, compras, vendas dentre outros fenômenos. Seus eixos costumam representar verticalmente valores e quantidades, enquanto o horizontal representa costumeiramente unidades de tempo. É útil também para apresentar a relação entre valores, quantidades, período de tempo e somatório de numerosos fenômenos.

Organogramas

Muito conhecidos em todas as empresas, representam a hierarquia existente dentro de uma empresa através dos diversos cargos existentes. Representa também como a empresa está organizada, departamentos, relações de comando, níveis de autoridade e estruturação profissional. Parte da maior autoridade da empresa, para a menor, geralmente de cima para baixo, podendo ser representado por função ou área.

Modelo simplificado de um organograma parcial de um grande hotel

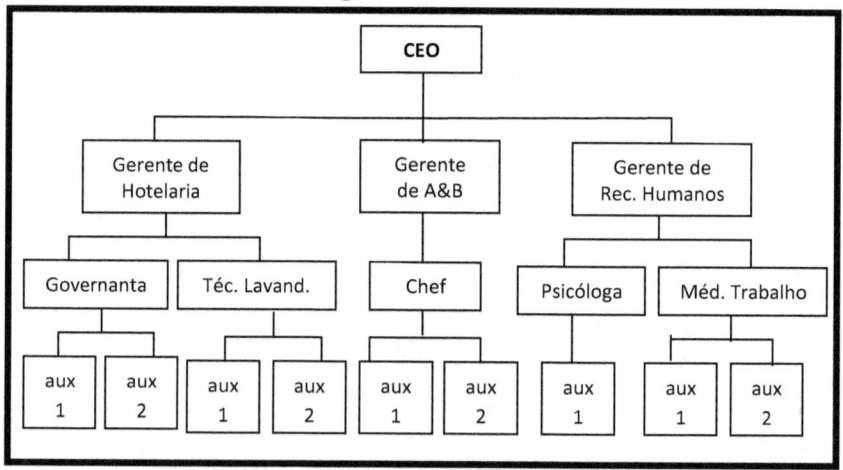

Os organogramas podem ser simplificados ou complexos, como ocorre com grandes empresas, em que precisam ser apresentados parcialmente dado o tamanho da empresa. Podem apresentar apenas os cargos de uma empresa dentro de um grupo, ou de todo o grupo. Podem também ser apresentados secionados em páginas diferentes, mostrando em cada uma o departamento ou área alvo da análise, caso seja abrangente e detalhado, ou se a empresa for muito grande.

Maximiano, abordando a preparação de cronogramas e orçamentos em projetos, mostra um modelo de diagrama de precedências, que pode ser utilizado para "[...] visualizar as decisões de seqüenciamento e a preparar o cronograma do projeto" (2006; 80, 81). Associada à lista de tarefas, é possível planejar e gerir as atividades de forma concatenada, visando o sucesso do empreendimento pretendido.

Ao planejar o evento, cada atividade constante na lista de tarefas tem um período determinado para ser realizada, devendo ocorrer apenas após a atividade precedente.

Tabela de Precedências do Buffet

Nº	Atividade	Duração	Atividade Precedente
1	Preparar e organizar o local do B*uffet*	1 dia	Nenhuma da lista
2	Preparar lista de convidados	1 dia	Nenhuma da lista
3	Enviar os convites	1 dia	1 e 2
4	Verificar quantidade mesas e cadeiras (*RSVP*)	1 dia	3
5	Definir o tipo de serviço, se próprio ou terceirizado	1 semana	1
6	Definir o tipo de entretenimento do evento	1 semana	2, 3 e 4
7	Realização do *Buffet* de Casamento	1 dia	Todas as anteriores
8	Balanço e prestação de contas	1 dia	7

Fonte: Adaptado de Maximiano (2006, p. 81)

Lista de Tarefas de um buffet de casamento

Buffet de Casamento		
Espaço	**Convidados**	**Serviço A&B**
-Definir e contratar, -Preparar e organizar o local, -Contratar equipes de serviços, -limpeza e entrega do espaço.	- Obter lista com todos os convidados, - Enviar convites RSVP, -Confirmar presenças, - Preparar recepção para VIP's.	- Definir tipo de serviço, se próprio ou terceirizado, - Definir mesas e lugares dos convidados, - Escolher pratos que serão servidos - Encerramento e acompanhamento do/a anfitrião/ã.
Entretenimento		**Contabilidade**
- Definir o tipo, MPB, concerto, apresentação, ou outra. - Selecionar o tipo de música, - Contratar outra atração a pedido do solicitante		- Preparar orçamento detalhado, - Adquirir os materiais e serviços necessários - Fazer pagtos. dos fornecedores, - Apresentar conta final

Fluxogramas

É uma ferramenta muito útil para descrever fluxos diversos, como de atendimento, ou processos de funcionamento. Indica a operação e quais passos seguintes serão tomados no desenvolvimento de determinada atividade.

Segue um modelo simplificado de um fluxograma de recebimento de clientes em um restaurante.

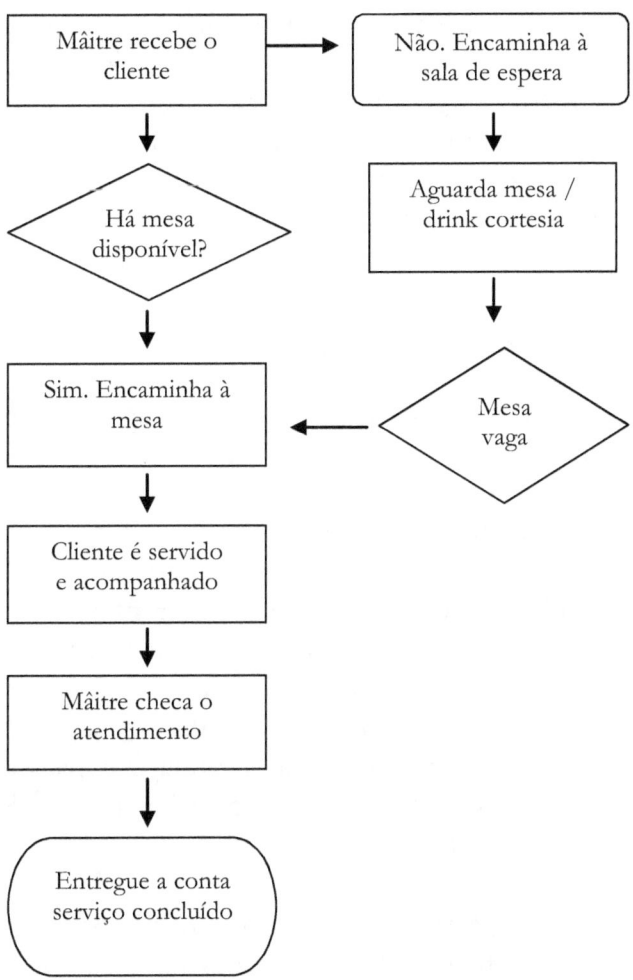

Capítulo 6

DESENVOLVIMENTO DE PROJETOS TURÍSTICOS SUSTENTÁVEIS

A sustentabilidade tem sido um dos mais importantes fatores na análise de projetos de lazer e turismo. Devido às possibilidades de danos que um turismo planejado inadequadamente pode causar em uma localidade, torna-se necessário planejar suas atividades de forma a garantir que este não se esgote em si mesmo, e que o ambiente seja preservado para as gerações futuras. Isso não apenas garantirá a rentabilidade do investimento, como sua perenidade, evitando ou retardando o processo de degradação e envelhecimento do destino turístico. Quanto maior o tempo de vida de um destino turístico, maior a possibilidade de rentabilidade ele apresentará, favorecendo inclusive a renovação do seu ciclo de vida.

Não existe necessariamente uma norma rígida ou específica quanto à elaboração de um projeto turístico sustentável, desde que atenda à legislação em vigor na localidade, respeite a cultura local e utilize-se de todos os mecanismos disponíveis como o EIA-RIMA (Estudo de Impacto Ambiental – Relatório de Impacto no Meio Ambiente) para garantir sua correta implantação. Dada a grande quantidade e diversidade de projetos possíveis e disponíveis no mercado, o Manual de Desenvolvimento do Turismo Sustentável, de 1992, da Organização Mundial do turismo; estipulou alguns passos básicos que deveriam ser seguidos para o correto ordenamento das etapas de um projeto turístico. São eles:

➤ *Identificação do projeto:* trata-se dos motivos para sua proposição, estando de acordo com as necessidades ou objetivos pretendidos para o segmento que foi escolhido. É o projeto com suas especificidades e objetivos a serem alcançados.

➢ *Análise do projeto:* trata-se da análise e verificação da viabilidade do projeto para o objetivo que está sendo proposto. Ele precisa estar de acordo com diversos fatores de extrema importância no seu contexto, como por exemplo, se é sustentável ou não. Se for inviável, deve-se cancelá-lo ou substituí-lo por outro que atenda as necessidades propostas.

➢ *Planejamento e descrição do projeto:* envolve a descrição das etapas, a avaliação de viabilidade econômica, assim como dos possíveis impactos que podem ser ambientais e sociais, o grau de aceitabilidade e adequação se necessário. De grande importância, pois, vários problemas resultantes do turismo, deve-se a erros de planejamento ou aspectos não observados inicialmente.

➢ *Financiamento do projeto:* relaciona-se à obtenção de recursos financeiros, ou que de outra forma possa tornar o projeto viável. Governos, investidores, agentes financeiros e instituições privadas costumam destinar uma parcela dos seus recursos para investimento em projetos sustentáveis que traga algum retorno para a imagem da empresa. Com o crescimento sustentável do turismo nos últimos anos, apesar de guerras, terrorismo e grandes tragédias, há um aumento crescente da atividade turística em todo o mundo.

➢ *Implementação do projeto:* operacionalização do projeto ou sua execução. Abrange as diversas etapas desde a formação da equipe, o trabalho em campo, a checagem das ações e das atividades desenvolvidas até o acompanhamento dos resultados obtidos, se são efetivos ou não.

➢ *Gestão do projeto:* trata-se da garantia que todo o trabalho desenvolvido durante o projeto ocorrerá conforme planejado inicialmente. Envolve também as devidas correções durante o projeto, promoção deste e manutenção do escopo para que não haja desvio do objetivo intencionado.

Geralmente as comunidades nas quais os projetos são desenvolvidos não são convidadas a participar das diversas etapas de implantação de um projeto turístico, especialmente nas fases de planejamento e implementação do projeto. São na verdade assistentes. Perde-se uma fonte preciosa de informações e colaboração para o sucesso do projeto, principalmente caso surjam problemas que coloquem a comunidade contra seus proponentes.

Dificilmente a comunidade é consultada sobre a implantação de um projeto em sua região. Geralmente os projetos são impostos por empresários ou grupos de investimentos. Empreendimentos são criados e operacionalizados à revelia do entorno, muitos dos quais são verdadeiras ilhas que visam o "afastamento" do turista do entorno, criando animosidade no meio em que se localizam.

Contudo, nenhum projeto ocorre de forma isolada, há sempre efeitos ou impactos locais nem sempre benéficos, traduzindo-se em resultados que com o tempo, direta ou indiretamente, acabam afetando a população no entorno. Embora haja o aquecimento da atividade turística devido o efeito multiplicador de renda, emprego e atividade turística na região, aumenta-se também o montante de resíduos como lixo e poluição gerados na localidade. Em alguns casos, pode-se degradar o ambiente sem que haja alguma vantagem econômica duradoura para a população local.

Muitos turistas que são atraídos para algumas localidades devido a seus recursos e atrativos naturais, acabam degradando-os pelo uso irresponsável e sem aguardar uma infra-estrutura de suporte que garanta sua duradoura utilização. Como resultado, o turista vai embora após perceber que o atrativo já não mais oferece o que este procurava, deixando para trás um dano à comunidade difícil de ser revertido.

Embora parte do problema seja da comunidade que os atrai na ânsia de obter os dividendos do turismo, sem necessariamente investir na sustentabilidade do atrativo, principalmente de comerciantes e empresários gananciosos. Cabe aos governos e mesmo aos investidores e empresários capacitar a população local para que saiba trabalhar e utilizar os atrativos turísticos de forma que mantenha suas características originais pelo maior período de tempo possível. Algo que apenas o governo e profissionais do trade tem condições de realizar de forma satisfatória, quando não há uma intervenção positiva de ONG's ou instituições ambientais sem fins lucrativos.

Exemplos de maus resultados de projetos impostos são amplamente conhecidos, como ocorreu com o parque de diversões da Disney em Paris (França), o EuroDisney. A Disney não respeitou ou levou em conta alguns fatores básicos como os hábitos culturais do continente em que estavam se inserindo. A proibição do consumo de vinho nos restaurantes, um hábito comum e salutar na Europa; imposição da cultura americana em detrimento das personagens e ícones locais; preços exorbitantes numa região onde os consumidores são comedidos, dentre outras falhas ocorridas durante o planejamento, deixaram esse parque com sérios problemas financeiros. Não tem sido muito diferente com o parque também construído no Japão, cujos erros foram minimizados, mas não necessariamente eliminados ao cometerem semelhantes aos anteriores.

No Brasil, parques temáticos como o Hopi-Hari também amargaram prejuízos, conforme noticiado pela mídia especializada, situação que, espera-se seja revertida e não ocorra com outros parques a bem do setor e do turismo nacional, que poderia ser melhor estimulado dado o potencial atrativo desses equipamentos.

Capítulo 7

A CAPACIDADE DE CARGA NO TURISMO

Diante da limitação dos recursos naturais existentes no planeta e dos impactos que a atividade turística exerce sobre o meio ambiente como um todo, o turismo é considerado um agente invisível de mudanças no meio em que se desenvolve. Como uma atividade que se desenvolve na maioria das vezes espontaneamente, sem uma ligação clara entre as suas partes, que possa ser controlada por uma mão visível, essa atividade sai rapidamente do controle humano se tornando de difícil gerenciamento quando já em estágio de funcionamento de acordo com as leis de mercados existentes, baseadas mais no interesse que no comprometimento humano e social.

O conceito de capacidade de carga se refere à quantidade máxima de turistas que uma localidade ou região pode receber ou hospedar, sem que haja comprometimento da infra-estrutura existente, utilização excessiva dos recursos e alteração do comportamento humano e ambiental. Embora seja algo de difícil mensuração e dificuldade ainda maior de controle efetivo, sua importância reside no fato da própria sobrevivência do destino turístico ou na elevação do ciclo de vida do produto turístico local, temas extremamente importantes para qualquer destinação turística que se preze.

Embora possa haver interpretações diferenciadas do termo, em todas está presente a limitação no número de turistas e as influências que são acarretadas. De importância primária estão os efeitos que a população autóctone sofre, influenciando a qualidade de vida fruída e a importação de uma cultura, estilos de vida, e problemas externos que projetos em lazer e turismo precisam avaliar. Dentre os principais problemas que a visitação excessiva ou intensiva traz consigo, podemos destacar as seguintes influências:

➢ Redução da qualidade dos serviços existentes com o uso intensivo ou desgaste prematuro,

➢ Prioridade de atendimento dada aos turistas em detrimento dos moradores locais,

➢ Importação de aspectos inflacionários no custo de vida local, especialmente na alta estação, afetando o poder de compra dos moradores que não vêem sua renda aumentar significativamente, sem a redução para os parâmetros anteriores na baixa estação,

➢ Alteração do ambiente com obras e acessos, hotéis, aumento do fluxo de veículos, visitas a locais de interesse turístico com maior intensidade, etc,

➢ Mudança do comportamento humano como os hábitos e costumes que são copiados dos turistas de outras localidades,

➢ Alteração nos hábitos culturais locais, apego a novos hábitos culturais,

➢ Aumento do lixo produzido, e em alguns casos dos índices de violência e vandalismo, e

➢ Aumento da prostituição e uso de drogas, entre outros efeitos.

O planejamento organizado logo no início das manifestações sugestivas do crescimento turístico, ajudam a minimizar esses danos e maximizar os resultados positivos. Algo que projetos bem estruturados podem oferecer. Uma vez que estabelece um desequilíbrio, refazê-lo se torna uma ação de difícil aplicação prática, apesar das belas alternativas sugeridas por alguns especialistas e que apresentam uma distância muito grande entre um escritório onde este se encontra, e a realidade vivida pelos moradores. Um dos objetivos primários dos gestores diante da necessidade de estabelecer um limite máximo de visitação turística, deve ser a de manter um equilíbrio entre o que os turistas desejam e o que a população necessita, evitando a saturação e o alienamento dos sujeitos neste processo.

A importância da limitação também reside no fato de que o excesso de turistas diminui a qualidade da experiência fruída pelo turista durante a sua visita. Com a determinação do perfil de turista desejado pela localidade, a vinda excessiva de outros vai certamente interferir nos serviços oferecidos aos primeiros afugentando-os, sendo que os últimos dificilmente apresentarão os mesmos gastos e consumo que os primeiros. Não significa que o turismo de massa ou popular seja por natureza predatório, são as localidades que os recebem que não estão em condições na maioria das vezes de suportar a demanda, gerando o excesso de utilização dos equipamentos turísticos.

Exemplificando, temos algumas cidades litorâneas em São Paulo, entre elas a cidade de Praia Grande. No verão, a quantidade de turistas que procuram suas praias é tamanha que gera congestionamentos na ida e no retorno mesmo após a construção de novas rodovias. Parte do prazer proporcionado pela viagem se perde no desgaste físico e emocional do visitante ou turista nos congestionamentos. Adicionado a estes problemas estão os assaltos a mão armada em meio aos congestionamentos, em vista da impossibilidade de fuga ou reação dos motoristas. Em alguns casos foram relatados "arrastões" nas principais avenidas. Outros problemas são a falta de água, o aumento excessivo da criminalidade com muitos criminosos saindo de São Paulo para cometer seus delitos nessas praias. Adicione a isso restaurantes, pizzarias, bares e lanchonete lotados, e um tráfego ruim durante as tardes e início de noite.

Essas experiências tem feito o valor dos imóveis caírem sensivelmente nos últimos anos, membros da população local tem repudiado o turismo pois, afeta todo o seu modo de vida, especialmente nos finais de semana e feriados prolongados quando o fluxo é maior, e a própria poluição das praias coloca algumas como impróprias para banhos, o que parece não impedir os banhistas de entrarem no mar. Outros municípios tem enfrentado esse mesmo problema, e procurado agir antes que atinja proporções danosas ao ser humano e ao meio-ambiente.

Cidades como Veneza na Itália tem tomado atitudes que venham reduzir o número de visitantes que a procuram, com vistas à preocupação com o bem-estar da população local. Isso significa que quando está em jogo o bem estar da comunidade e dos turistas, deve prevalecer o da comunidade ou ações preventivas precisam ser tomadas para que ambos possam se beneficiar como um todo. Situações como essas precisam ser previstas ou estudadas em projetos para preservar características que sejam caras à localidade, e que muitas vezes é a razão do empreendimento turístico na localidade.

Algumas prefeituras em municípios que possuem praias, tem restringido o número de visitantes criando leis que regulem a entrada de turistas em suas cidades. Um exemplo é o impedimento de ônibus ou vans fretados entrarem na cidade ou nas praias sem a devida autorização municipal, uma atitude absolutamente correta. A Ilha de Fernando de Noronha foi pioneira no Brasil ao estabelecer uma quantidade mínima de visitantes e o tempo de permanência dos turistas na ilha, sendo até o momento um modelo de coexistência pacífica e sustentável.

Embora possa inicialmente parecer que se trata de medidas extremas, controlar o fluxo de turistas é uma questão de sobrevivência para muitas localidades. Um problema que podemos observar é que os maiores afetados são as pessoas com um menor poder aquisitivo, e que em vista de algumas restrições tem o seu acesso dificultado a determinadas localidades. É uma decisão que deve partir das autoridades governamentais locais, secretarias de meio ambiente e de turismo, num esforço conjunto de preservar todo um sistema que depois de degradado não receberá bondosas doações de turistas arrependidos para a revitalização do espaço geográfico depredado. O turista quando percebe que o local já não mais atende às suas necessidades ou expectativas procura outro impiedosamente, ficando a localidade com os seus problemas, e uma pequena parcela da população com o dinheiro.

Um grande questionamento dos gestores é sobre o que fazer, se restringem a entrada de turistas, cobram, ou evitam a divulgação na mídia que não seja especializada. Esse é um problema muito maior para as destinações turísticas já desenvolvidas em contraste com as que estão em processo de desenvolvimento e dependem de toda a divulgação possível. No entanto, a importação de modelos adotados por outras localidades pode muitas vezes resultar no remédio ser muito pior que a própria doença. Cada localidade precisa desenvolver mecanismos locais para lidar com os problemas que lá ocorrem. Poucos saberão tão bem quanto os moradores e gestores qual a melhor alternativa a ser tomada.

Outros modelos adotados servem de base para a tomada de decisões e a iniciativa de mudar. Contudo, problemas locais exigem soluções locais, e não impostas de outras localidades. O sucesso em um lugar não significa necessariamente acerto em outros, em vista das características culturais peculiares a cada região. Para que os objetivos da comunidade, governo e turistas se coadunem, torna-se necessário algumas medidas que de início podem parecer duras, mas que a médio e longo prazo se mostram eficientes. Um cuidado é não se chocar com os direitos constitucionais básicos, como o de ir e vir entre outros.

Um bom exemplo de gerenciamento da capacidade de carga turística, está no Nepal, em Annapuma. Embora não exista um plano perfeito, as atitudes tomadas envolveram a comunidade local, os proprietários de pousadas e os turistas que para lá se deslocavam. Problemas ambientais como o corte das árvores para o aquecimento, foi resolvido com a instalação de painéis solares e a utilização de líquidos combustíveis como o querosene. Medidas de controle de produção do lixo deixado pelos turistas foram tomadas, inclusive limitando a quantidade de itens que podiam ser levados e a necessidade de trazer de volta as embalagens vazias. Um processo de educação também foi instituindo fazendo com que os turistas evitassem dar balas e doces às crianças, que estavam gerando um alto índice de cárie dental.

A Revista CNN Traveller de Março de 2000, trouxe uma abordagem de como um planejamento turístico empobrecido, turva objetivos que deveriam estar cristalizados na mente dos gestores e dos agentes que devem produzir mudanças. A trilha Inca que leva às ruínas de Macchu-Picchu chegou a ficar tão repleta de lixo e de fezes no trajeto que recebeu o apelido de "toilet trail" ou banheiro a céu aberto, dada a quantidade de visitantes diários que chegava aos 4 000. É relatado até mesmo a influência na paisagem que os inúmeros buracos que são tapados após as necessidades fisiológicas, causam não citando o mau cheiro que os mais rasos causam.

A grande quantidade de lixo gerado e os resíduos orgânicos dos visitantes não foram os únicos problemas, a influência no modo de vida da população indígena alterou toda uma estrutura social existente. Com a exploração indiscriminada do turismo, pequenos índios Quechúa vendem doces, balas e chicletes aos turistas. Adultos se oferecem para ajudar os turistas a carregar os seus pertences, mudando hábitos e costumes locais, e os expondo a novas doenças, então desconhecidos no seu meio. Com uma chegada de mais de 200 mil turistas por ano no final dos anos 80, as expectativas de aumento se confirmaram atingindo quase um milhão recentemente.

Um dos meios bastante discutidos para o controle de turistas, foi sugerido o aumento do valor cobrado por pessoa que desejasse percorrer as trilhas. Alguns países adotaram esse sistema, peneirando os turistas que desejam realmente ter em seu território. No caso do Peru, os danos poderiam deteriorar ainda mais as construções antigas remanescentes, ocasionar a fuga de turistas para outras regiões em que a cultura ainda permanecia preservada como a cidade de Ollantaytambo, e o risco da Unesco retirar os locais turísticos da lista de patrimônios históricos do mundo.

Independente das ações que sejam tomadas, elas precisam ocasionar mudanças impeditivas dos problemas potenciais ou que já ocorrem onde o turismo se tornou uma ferida exposta e purulenta. Estabelecer limites, por mais difíceis e contraditórias, se constitui em um entre os muitos métodos que incidem diretamente no volume final de turistas que chegam ao atrativo, podendo ser interpretado de forma negativa pelos ausentes ou distantes da realidade local ou ainda tornando concorrido o destino. O que não pode ocorrer contudo é a omissão, que causará danos difíceis de serem revertidos e cujos efeitos impactantes cobrará o seu preço dos menos favorecidos no futuro.

Uma realidade a ser avaliada em projetos

Todo planejamento deveria ser participativo, por se tratar de um modelo de intervenção social de amplo impacto em toda a região. Não ocorrendo ainda em vista das raras oportunidades, quando existem, apresentadas a uma seleta participação popular. Em vista das características físico-ambientais diferirem de uma região para outra, a observação in loco seguida de um inventário das potencialidades se constitui no melhor instrumento para o diagnóstico e o estabelecimento de um prognóstico, facilitando a busca de soluções.

Estabelecer um plano de gerenciamento ambiental sério, não abrindo exceções que se tornam precedentes perigosos para alguns membros da sociedade, tem sido um aspecto primordial para combater os simulacros políticos orquestrados para obtenção de apoio popular. Um grande problema tem sido a falta de competência administrativa no turismo, dos que assumem cargos em muitos municípios em vista de sua conexão familiar, e não baseado na capacidade de gerenciar uma secretaria como a de turismo.

As complexas interfaces do turismo englobam uma ampla quantidade de áreas que não se voltam apenas para o atendimento do turista. A comunidade local deve ser a primeira a se beneficiar das atividades engendradas pelos órgãos de turismo, como a existência de uma estrutura cultural e de lazer que permita aos moradores usufruí-la, agindo como um atenuador das tensões sociais e urbanas e diminuindo o enclausuramento familiar com o aumento do lazer doméstico.

Delegar a instituições ou empresas privadas o poder de implantar ou implementar mudanças nem sempre resulta em sucesso. Para que mudanças ocorram de forma eficaz, o governo ainda é o melhor canal pelo qual são viabilizadas os planos ou projetos que estimulem ou regulem o turismo. Em parte pelo poder de criar leis e impô-las, mas especialmente pelo fato de que cabe ao próprio governo organizar a sociedade civil em benefício de todos. A ineficiência administrativa governamental falha quando da fiscalização e exigência do cumprimento dessas leis e decretos, sob a alegação de falta de recursos ou de pessoal.

Modelo de causas e efeitos

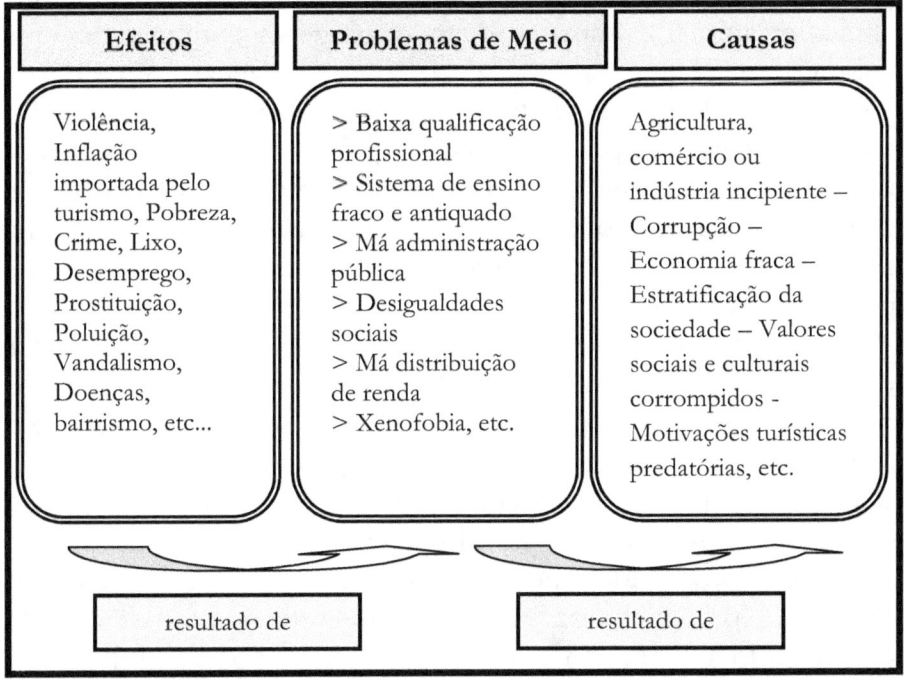

Efeitos	Problemas de Meio	Causas
Violência, Inflação importada pelo turismo, Pobreza, Crime, Lixo, Desemprego, Prostituição, Poluição, Vandalismo, Doenças, bairrismo, etc...	> Baixa qualificação profissional > Sistema de ensino fraco e antiquado > Má administração pública > Desigualdades sociais > Má distribuição de renda > Xenofobia, etc.	Agricultura, comércio ou indústria incipiente – Corrupção – Economia fraca – Estratificação da sociedade – Valores sociais e culturais corrompidos - Motivações turísticas predatórias, etc.
resultado de		resultado de

Suprindo a falta de instituições comprometidas com um desenvolvimento sustentável, órgãos como o SEBRAE, tem nas diversas regiões em que atua procurado desenvolver uma série de atividades que venham de encontro às necessidades locais. Ao criar um projeto, estimulam a participação comunitária desenvolvendo nos moradores um senso de responsabilidade para que encontrem soluções locais para sua comunidade, evitando a imposição externa de modelos prontos e que se chocam em diferentes graus de realidades. Outra grande vantagem é a regionalização dos escritórios que possibilitam o entendimento das diferentes culturas, permitindo soluções heterogêneas e canalizando recursos para o desenvolvimento de projetos, estabelecendo uma ponte com os canais distribuidores.

Mesmo com o apoio de instituições e ONGs imbuídas das melhores intenções, muitas áreas naturais tem sido vitimadas pela exploração excessiva e irresponsável de pessoas ricas e influentes, causando a destruição de habitats de animais silvestres, poluindo e assoreando rios e causando impactos diretos na cadeia alimentar animal e humana, quando atinge as comunidades que sobrevivem da pesca e coleta, como as indígenas. A perda da identidade cultural de muitas comunidades de forma invisível e sedutora com o padrão trazido pelos turistas, acarretarão problemas sociais que serão os sintomas mais comuns atacados pelas autoridades governamentais, conforme representado na figura modelo de causas e efeitos descrevendo as reações que ocorrem em cadeia.

Esse modelo pode ser criado com vistas aos problemas locais e/ou globais, e deve ser utilizado de forma decrescente, dos problemas específicos para os gerais. O que se tem observado é o ataque aos sintomas como o crime, sem contudo, analisar que pode ser resultado das desigualdades sociais derivado da baixa qualificação profissional, devido a falta de uma educação de qualidade, provocados por uma economia fraca. Portanto, o problema principal está na economia fraca, ou seja, será estimulando a economia que as desigualdades sociais poderão ser reduzidas resultando em melhor educação formal, na melhoria da qualificação profissional e finalmente tendo como efeito a redução da criminalidade. Atacar o crime somente aumentará a lotação das prisões, criando novos problemas sociais em escala maior.

A melhor forma de lidar com grandes problemas, é indo ao cerne dele, à sua base, sua origem. Este modelo de resolver as problemáticas de maior amplitude são dispendiosos e levam muito mais tempo para gerar resultados positivos, contudo dolorosas decisões precisam ser tomadas em muitos casos para o bem comum. Críticas e rejeição vem embutida no processo, e sempre haverão, pois há diversos setores da sociedade engajadas nela ativamente, que se beneficiam do caos público e convulsões sociais.

Poderosos lobbies nacionais ou internacionais, assim como pessoas de grande influência local, podem exercer pressão sobre os legisladores ou conduzirem processos educativos a favor ou contra medidas que possam ou não lhes interessar. É o que ocorre com o turismo no Brasil, que vê o seu desenvolvimento limitado por forças invisíveis internacionais. Não realizar muitas vezes mudanças drásticas nas políticas de gerenciamento local pode resultar em exemplos como Rio de Janeiro e São Paulo. A imagem dessas cidades está associada a altos índices de violência e criminalidade, drogas, poluição e trânsito perigoso nas outras regiões, impedindo que o turismo se expanda em todas as suas potencialidades. Muito embora a realidade geral não seja tão ruim quanto transparecida pela mídia, criando falsos conceitos na mente de leigos e desinteressados.

Impedir que a voracidade do turismo ou os efeitos indesejáveis dele ocorra não é tarefa das mais simples, especialmente em vista da interdependência entre os diversos setores da sociedade. Contudo a posição firme adotada pelos governos locais, a participação ativa da comunidade no processo decisório nos projetos e destinos da localidade, e a presença de instituições e organismos que visam a melhoria das condições de vida coletiva podem resultar em benefícios reais. Entretanto, a comunidade precisará olhar primeiro para o seu próprio umbigo, encontrando soluções adequadas às suas necessidades, buscando as causas e agindo com firmeza para que obtenha resultados plausíveis e duradouros. Comunidades coesas tornam as pessoas fortes o suficiente para serem ouvidas e respeitadas.

O turismo é uma atividade que tem aumentado o seu espectro de atuação, especialmente nos ambientes naturais, afetando direta e indiretamente os recursos naturais. Um planejamento adequado possibilita que surjam bons projetos de desenvolvimento de atividades turísticas que sejam sustentáveis e resultem em benefícios para todos os envolvidos, e não apenas o empresariado.

Os projetos que ocorrem em áreas naturais ou que se utilizem de recursos naturais, deveriam ter como premissa básica laudos que apresentassem a "Capacidade de Carga Turística" do local. Trata-se de uma garantia não apenas para o ambiente natural, como também para a comunidade e o próprio turista.

A natureza é frágil e excessos podem facilmente causar danos permanentes ou de difícil reversão. A comunidade também perde com os problemas advindos dos excessos, pois o turista vai embora e deixa o local com novos problemas até então desconhecidos. E pior, o próprio turista procurará um novo local para visitar, por não aceitar os problemas provocados pelos visitantes anteriores.

A saturação e a capacidade de carga

Diante do impacto que projetos turísticos causam no entorno, embora espera-se que sejam positivos na sua maioria, um projeto em lazer e turismo em ambientes naturais precisa antecipar-se aos problemas que podem surgir, evitando inclusive os impactos negativos resultantes da saturação, que podem ser econômicos, ambientais e sociais. Cabe ao responsável técnico pelo projeto avaliar os efeitos advindos de excessos, como de visitantes, sempre primando pelo equilíbrio da oferta de um serviço ou recurso com a demanda real, vislumbrando a demanda potencial, ao avaliar a saturação que a capacidade de carga pode provocar, a exemplo das citadas abaixo.

- **Saturação psicológica:** Ocorre quando os turistas sentem-se sufocados pelo excesso de visitantes numa mesma área ou localidade, fazendo com que eles procurem outras localidades como destino. Ex: turismo de massa ou popular, ou ainda cidades que recebem turistas demais na alta temporada.

- **Capacidade de carga social da comunidade receptora comprometida:** ocorre com a hostilização dos turistas pelos moradores das localidades, devido a: destruição do seu meio-ambiente, agressão à cultura, participação nas atividades locais e lotação excessiva dos lugares que freqüentam. Exemplos: Liverpool e Veneza (antimarketing ou marketing ao inverso).

- **Excesso nos equipamentos:** é o excesso de turistas que utilizam um mesmo equipamento, primeiramente comprometendo a qualidade dos serviços; e posteriormente, colocando em risco a segurança e vida própria e de outros. Há um excesso de utilização dos equipamentos e serviços urbanos.

O Profissional que desenvolve um projeto turístico precisa conhecer os impactos positivos e negativos nos diversos tipos de ambientes marinho, urbano ou rural, para planejar como as atividades devem ser desenvolvidas, principalmente com o aumento do número de resorts na costa do Nordeste brasileiro, e maior quantidade de cruzeiros em diversas cidades litorâneas. Muitos desses impactos são restringidos por normas do CONAMA (Conselho Nacional do Meio Ambiente), Ministério do Meio Ambiente, Código Civil e Criminal, e podem ser mensurados pelas normas da ABNT, razão pela qual uma equipe multidisciplinar precisa fazer parte de projetos ambientais, especialmente um engenheiro ambiental.

Os impactos podem variar de um ambiente para outro, e principalmente de um segmento para outro, embora algumas características sejam similares em todos eles. O quadro seis apresenta um modelo com tipos de turismo, suas atividades principais desenvolvidas e os impactos que são gerados normalmente e precisam ser observados em projetos de lazer e turismo.

Lixo e Esgoto – Os grandes vilões para projetos em ambientes naturais

O lixo sempre foi e é um problema inevitável cada vez maior para qualquer empreendimento. Com o turismo, tal preocupação deveria ser ainda maior, pois não apenas aumenta o montante de lixo produzido na localidade, como recebe uma quantidade adicional em determinadas épocas do ano, como na alta temporada. O turista normalmente não se preocupa com esse problema, acredita que é da localidade que visita, esquecendo-se que pode ser um vetor de transferência de lixo e doenças de uma localidade para outra.

Ademais, não é incomum o turista não se preocupar em trazer o lixo que leva consigo em trilhas e demais atrativos turísticos. Por outro lado, a maioria das autoridades e empresários não se preocupa em disponibilizar lixeiras e demais receptáculos adequados para que seja utilizado pelo turista. Aliado ao hábito comum do brasileiro que compra pacotes de turismo de massa (popular) em atirar o lixo onde quer esteja, a situação de um destino turístico pode ficar caótico. Junto com a falta de segurança e sinalização, a sujeira é um dos principais itens que leva os turistas estrangeiros a reclamar quando viajam ao Brasil.

A educação ambiental deve começar pela comunidade alvo da atração turística, evitando-se atirar lixo pelas vias públicas, utilizar os atrativos turísticos como banheiros públicos a céu aberto, e principalmente evitar a pichação que torna a cidade feia e descuidada. Desnecessário citar então quão trágicos são os danos que tais atos traz aos pontos de visitação turística de uma localidade. Afasta justamente quem deveria ser atraído, com a conseqüente queda de renda e emprego na localidade.

Os principais tipos de lixo comuns em nossa sociedade são papel, restos e sobras de alimentos, plástico, vidro, alumínio dentre outros metais. Para as empresas e/ou estabelecimentos comerciais, o ideal é segregá-los na fonte, organizando sua separação em todos os setores do empreendimento turístico internamente, providenciando coletores em vários pontos visíveis, tanto nas áreas de acesso ao turista quanto de serviço, destinado aos profissionais que ali trabalham. Vários hotéis e outros estabelecimentos como parques já trabalham com a coleta por cores, segregando corretamente o lixo conforme é produzido.

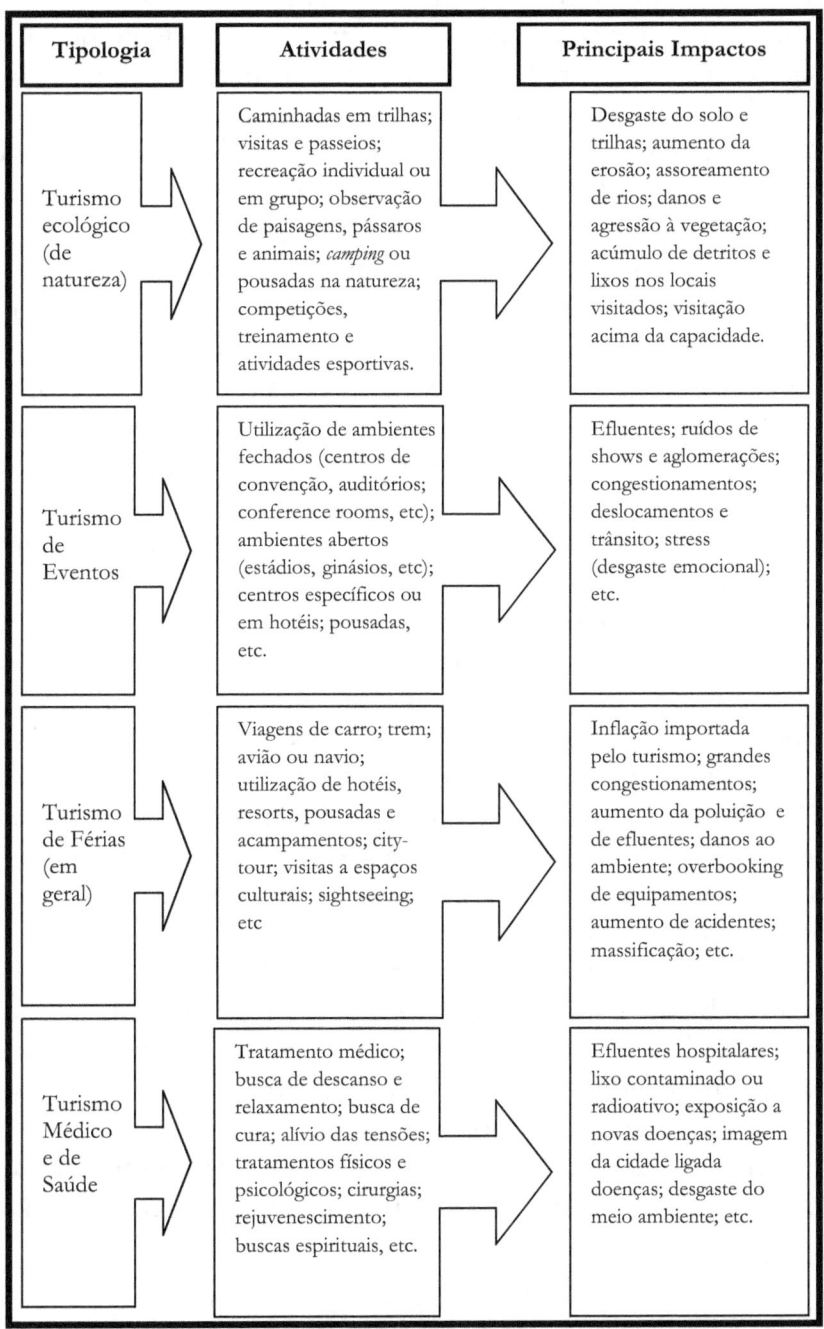

Tipologia	Atividades	Principais Impactos
Turismo ecológico (de natureza)	Caminhadas em trilhas; visitas e passeios; recreação individual ou em grupo; observação de paisagens, pássaros e animais; *camping* ou pousadas na natureza; competições, treinamento e atividades esportivas.	Desgaste do solo e trilhas; aumento da erosão; assoreamento de rios; danos e agressão à vegetação; acúmulo de detritos e lixos nos locais visitados; visitação acima da capacidade.
Turismo de Eventos	Utilização de ambientes fechados (centros de convenção, auditórios; conference rooms, etc); ambientes abertos (estádios, ginásios, etc); centros específicos ou em hotéis; pousadas, etc.	Efluentes; ruídos de shows e aglomerações; congestionamentos; deslocamentos e trânsito; stress (desgaste emocional); etc.
Turismo de Férias (em geral)	Viagens de carro; trem; avião ou navio; utilização de hotéis, resorts, pousadas e acampamentos; city-tour; visitas a espaços culturais; sightseeing; etc	Inflação importada pelo turismo; grandes congestionamentos; aumento da poluição e de efluentes; danos ao ambiente; overbooking de equipamentos; aumento de acidentes; massificação; etc.
Turismo Médico e de Saúde	Tratamento médico; busca de descanso e relaxamento; busca de cura; alívio das tensões; tratamentos físicos e psicológicos; cirurgias; rejuvenescimento; buscas espirituais, etc.	Efluentes hospitalares; lixo contaminado ou radioativo; exposição a novas doenças; imagem da cidade ligada doenças; desgaste do meio ambiente; etc.

Nem todo lixo precisa ser coletado ou ir necessariamente para um aterro sanitário. Parte do lixo orgânico formado por sobras que sejam frescas do estabelecimento, pode ser utilizado para alimentar determinados animais em locais como fazendas, ou ainda ser aproveitados no sistema conhecido como compostagem, transformado-se em adubo de excelente qualidade a ser usado no próprio local, ou disponibilizado para a comunidade ou em projetos sociais. Um cuidado importante, é que o lixo jamais deve ser queimado, e o lixo que for segregado deve ser reciclado ou dispensado conforme a legislação determinar.

Grandes hotéis ou empresas turísticas como parques de diversão, deveriam tratar seus resíduos antes de os devolverem ao meio ambiente. Isso envolve até mesmo a água utilizada para a limpeza das áreas internas e externas da empresa. Atualmente, já existe a custo bastante acessível equipamentos que tratam o esgoto gerado por uma empresa, assim como técnicas de decantação, de drenagem e controle dos resíduos que podem ser utilizadas dependendo do porte e ambiente em que a empresa esteja inserida.

Como os resíduos de uma empresa são cada vez mais danosos ao meio ambiente, é de preocupação primária até mesmo a drenagem da água proveniente de diferentes equipamentos turísticos como parques aquáticos, de diversão, pousada ou hotel que precisa ser diferenciada. As emissões de águas residuais de diversas áreas de uma empresa como da lavanderia, da limpeza de áreas comuns, dos banheiros, resíduos de vasos sanitários e outros locais que utilizam produtos químicos na sua higiene, precisa também ser diferenciada.

Bons projetos em turismo já são elaborados respeitando o meio ambiente e a localidade onde serão inseridos. Mais do que responsabilidade social, trata-se da garantia de sobrevivência do próprio empreendimento. Há casos de projetos hoteleiros, cuja demanda aumentou significativamente após a instalação de equipamentos de tratamento de efluentes, por empresas que respeitam a natureza, e desejam que sua imagem esteja associada a parceiros ambientalmente responsáveis. O quadro anterior mostra alguns exemplos dos principais impactos da atividade turística para cada tipo de turismo praticado.

Água – Os cuidados com esse componente essencial para a vida

Como a água é um recurso cada vez mais escasso e valioso, é essencial a preservação de áreas de mananciais ou de captação. Normalmente a água utilizada na maioria dos empreendimentos turísticos costuma ser fornecida por empresas concessionárias. Outros empreendimentos costumam captar a água em poços artesianos, em fontes ou em rios próximos. Quando a água for proveniente de poços artesianos, fontes e em rios é obrigatório a análise físico-química da água para determinar sua pureza, e a ausência de bactérias ou microorganismos que possa causar algum dano à saúde dos turistas ou funcionários.

Captar água de algum local que não esteja corretamente analisada pode resultar em problemas graves de saúde para os turistas, como desidratação e diarréia. Essa preocupação é ainda maior quando se trata de turistas estrangeiros, que devido a natureza do local onde residem, possuem um sistema imunológico pouco preparado para os microorganismos encontrados na água e nos alimentos lavados com ela em países como o Brasil.

Os empreendimentos que utilizam-se da água de fontes, poços artesianos ou rios precisam atentar também aos cuidados de preservação do entorno, principalmente em áreas rurais. De acordo com as autoridades sanitárias, deve-se manter uma distância mínima de segurança de animais e suas fezes; de áreas plantadas que utilizam-se de venenos ou outros produtos químicos; de cemitérios e outros espaços que possam contaminar o lençol freático. Deve-se inclusive analisar se ocorreu algum desses eventos em época anterior ao empreendimento turístico, pois podem contaminar o lençol freático por décadas seguidas.

Impactos, ambientais, sociais e culturais em projetos turísticos

Ao planejar o turismo em uma localidade, ou fazer um projeto específico para um atrativo, recurso ou ainda para instalar uma pousada ou hotel, no meio natural, algumas preocupações devem ser levadas em conta, e elencadas no documento. Como os impactos positivos e os negativos. Sua descrição pode validar ou invalidar um projeto, dependendo do escopo, ou das exigências deste. Para quem está tentando implantar um projeto, seu foco naturalmente será nos impactos positivos. Contudo, para quem está avaliando, poderá por outro lado avaliar os impactos negativos resultantes.

Como os projetos trabalham com dados e indicadores, é útil utilizar um "indicador de impacto" fornecendo elementos de mensuração quantitativos além dos qualitativos. Um exemplo é colocar notas que variam de 1 a 5, para cada atividade.

Mensuração de impactos ambientais

Indicador	Atividade
1	Nenhum impacto
2	Impacto pouco importante
3	Impacto importante
4	Impacto muito importante
5	Dano iminente ou grave

A medição pode ser inversa. Abaixo segue algumas observações sobre impactos positivos e negativos em ambientes naturais. Os negativos podem receber indicadores quantitativos, criando um parâmetro de mensuração de acordo com o valor e importância para a localidade onde está sendo desenvolvido.

❖ **Efeitos/Impactos positivos:**

- Surgimento de áreas, planos e programas de proteção à fauna e flora da região, e de entidades sérias contribuindo com a sustentabilidade do meio-ambiente e permitindo a visitação turística controlada. Sem o turista, madeireiras, caçadores e exploradores ficam livres para agirem clandestinamente, pois não são vistos. Nesse sentido a atividade turística é positiva para preservar áreas ambientais preservadas.

- Surgimento de programas de alfabetização, de educação ambiental e social, capacitando os moradores acerca da preservação da natureza, cultura local, bens históricos, gastronomia, e entendimento da importância do turismo como meio de transformação local sustentável.

- Geração de empregos e oportunidades comerciais resultantes da visitação turística, como serviço de guias, postos de atendimento ao turista, lojas de artesanato, lojas de produtos naturais e de fazendas que atendem o turista, hospedando-os e/ou prestando-se a visitação, dentre outras atividades de apoio ao turista.

- Estímulo à troca de experiências e aprendizado mútuos entre o turista e a população autóctone, mediante o intercâmbio cultural. Aumento do orgulho da comunidade pelas suas manifestações culturais, resultando em dignidade, respeito cultural e cidadania.

- O ingresso de renda. O turismo gera *impostos* para a localidade (muito embora os benefícios sejam sentidos apenas a médio e longo prazo), assim como, traz dinheiro vivo para a comunidade (benefício imediato) além de investimentos, que oxigenarão a economia local através do efeito multiplicador de renda no turismo.

- Há uma transferência de tecnologia mais rápida, com a utilização de novos meios que permitam maximizar e melhorar os serviços existentes.

- Melhorias significativas na infra-estrutura geral. Muitos dos serviços que o governo da comunidade não tem condições de financiar como estradas públicas, energia, comunicação, saúde e segurança, acontece com o investimento público e privado no turismo. E embora se volte para o turismo, é utilizado por toda a cidade normalmente.

- O turismo é um agente que ajuda a diversificar e estabilizar a economia da localidade. Também pode ajudar a trazer outras atividades econômicas devido o contato do turista com a localidade, o que resulta no estabelecimento de residência e de empresas.
- Investimentos e revitalização e embelezamento paisagístico da cidade ou de parte dela.

❖ **Efeitos/Impactos negativos:**

- Geração às vezes excessiva de lixo e efluentes para as localidades em épocas de alta temporada, o que resulta na dificuldade de absorção dos resíduos pela grande quantidade de visitantes, degradando o ambiente e em alguns casos os próprios recursos naturais, que atraem os turistas.
- Descarte e acúmulo de lixo nos caminhos, nas trilhas, em praias pouco ou muito visitadas, em montanhas utilizadas para escaladas e passeios, em cachoeiras, rios e lagos utilizados para banhos e práticas esportivas, transformando-os em lixões a céu aberto. Principalmente o micro-lixo, formado por pontas de cigarros, tampas de garrafas, entre outros resíduos pequenos de difícil coleta.
- Utilização excessiva de sabonetes, óleos e bronzeadores pelos turistas, comprometendo a pureza da água de rios e lagos, assim como a vida dos peixes e da vegetação aquática.
- A contaminação de fontes e de mananciais de água doce, ou mesmo do mar quando perto de hotéis e alojamentos, através do despejo de esgotos sem tratamento (*in natura*) muitas vezes criminosamente, de óleos que atinjam o lençol freático e de produtos químicos como detergentes, entre outros.

- Poluição ambiental provocada pelos resíduos dos motores de barcos e de geradores de energia elétrica. Assoreamento dos rios com as ondas provocadas pelos barcos. Poluição sonora derivada desses e outros fatores como dos visitantes, quebrando a monotonia e afugentando animais na natureza. Quando urbana, com os tumultos, congestionamentos e poluição cada vez mais comum e ameaçadora.

- Destruição, dano ou quebra e coleta de corais, plantas raras, de estalactites, estalagmites e outras partes de cavernas, além de sítios arqueológicos.

- Pinturas, riscos e pichações entre outros meios de depredação que muitos turistas deixam como uma triste lembrança que passaram por aquele local, degradando a qualidade de recursos históricos e culturais.

- A coleta, caça e pesca ilegais ou não autorizadas, causando danos e gerando desequilíbrio na localidade. Cada um que leva algo multiplicado pela quantidade de visitantes em um ano, pode causar grandes problemas ao ecossistema.

- Destruição de grandes áreas na natureza para a construção de hotéis, pousadas ou equipamentos turísticos, ou ainda construção em área proibida.

- Contraste da construção com o ambiente local, descaracterizando o local e impactando na harmonia do conjunto natural ou da paisagem.

- Importação de costumes e descaracterização de tradições e costumes seculares. O risco de uma atividade ritualística e tradicional se transformar em apresentações para turistas pode descaracteriza-las e afasta-la do objetivo original, ocasionando até mesmo a perda do interesse turístico.

- A inflação importada pelo turismo, com o aumento de preços de mercadorias e de terrenos com a chegada dos turistas, dificultando para os habitantes locais adquirirem propriedades, e expulsando-os das áreas centrais.

- Migração de pessoas pobres e sem qualificação profissional para as localidades turísticas em busca de emprego e oportunidades, gerando um excedente de mão-de-obra, resultando na escassez de moradia, e incorrendo no risco de aumento da marginalidade e criminalidade, resultando até mesmo em favelas.

- Alto custo para atração dos turistas com a realização de pesquisas, divulgação na mídia especializada e promoções. Investimento em informação para os empreendedores e empresários do segmento, em treinamento de empregados, e na preparação da população local para receber os turistas.
- Utilização intensiva e imediata de serviços públicos como transporte e saúde, excedendo os custos estimados para a localidade podendo gerar sobrecarga e colapso em todo o sistema. Em alguns locais há a priorização do turista em detrimento do cidadão local, como em bares, restaurantes e outras atrações, resultando em hostilização pela própria população.
- Atração de visitantes indesejados e com comportamento conflitante com os costumes da comunidade, gerando atritos internos na comunidade e problemas policiais.

Financiamento de projetos

Para que muitos projetos sejam realizados, torna-se necessário recorrer a investidores, bancos, agências de fomento ou outras instituições que amplie a oferta de crédito existente para viabilizá-lo. A oferta de crédito pode inclusive ser um fator determinante na escolha do local do empreendimento, devido a facilidades creditícias que outras regiões ou cidades não ofereçam.

Captar recursos para investimentos de grande porte não é tarefa fácil; tampouco seja impossível dado a grande quantidade de investidores e organizações interessadas em investir em projetos que sejam comprovadamente lucrativos. A oferta de crédito é menor para as micro e pequenas empresas, que não possuem muitas vezes ativos garantidores do pagamento do investimento. Principalmente no turismo, cuja atividade é altamente elástica, sazonal e sensível a alterações de humor do mercado consumidor.

Atualmente já é possível obter empréstimos a juros atraentes mediante mecanismos como o associativismo empresarial; cooperativas de crédito, bancos ligados a órgãos de fomento ao turismo e em parceria com o Ministério do Turismo, mediante linhas de crédito exclusivas para os empreendedores no turismo.

Antes de recorrer a algum investimento, o proponente precisa ter em mente que:

- Todo empréstimo precisa ser pago, antes ou dentro do prazo, evitando-se que a dívida aumente e se torne um problema de gravidade maior que a solução inicial;
- Inicie com algum montante próprio, reduzindo o montante a ser solicitado como empréstimo, e conseqüentemente prazos e juros;
- Um empréstimo não cria oportunidades, ele apenas as viabiliza;
- Tenha um bom plano de negócios, minimizando os riscos e aumentando a capacidade de pagamento, através do planejamento.
- Conheça as diversas linhas de financiamento, que possibilitará calcular quais as melhores alternativas disponíveis no mercado, assim como, o que deve ou não ser inserido no empréstimo. Alguns bancos costumam incluir produtos desnecessários que encareçam o financiamento.
- Analise quais impostos, taxas e tarifas incidem sobre o financiamento direta ou indiretamente, pois, tratam-se de um custo que onerará ainda mais o solicitante.

Como obter crédito para tocar projetos nem sempre seja algo fácil de se conseguir sem um bom projeto, torna-se necessário conhecer as principais restrições para obtenção de crédito para projetos que investidores normalmente enfrentam. Dentre as principais restrições, encontram-se:

1. Insuficiência das garantias, diante do total a ser obtido. O agente financiador pode exigir garantias reais como imóveis ou alienar o próprio bem que será objeto do financiamento. Também pode ser considerado como insuficiência de garantias a falta de um avalista ou fundo garantidor do projeto, como os existentes no turismo, como o Fundo de Aval para a Geração de Emprego e Renda (FUNPROGER); Fundo de Garantia para a Promoção da Competitividade (FGPC); e o Fundo do SEBRAE de Aval às Micro e Pequenas Empresas (FAMPE).

2. Plano de Negócios inconsistente (Projeto). O projeto pode apresentar falhas ou vícios que coloquem em dúvida os analistas da instituição creditícia. É imprescindível um plano de negócios consistente e realista.

3. Incapacidade de pagamento. Ou montante solicitado acima da capacidade de pagamento da empresa. O projeto precisa especificar que tem condições de pagar o investimento feito no prazo estipulado, e com as condições exigidas pelo agente financiador. O projeto também pode apresentar riscos se não for rentável comprometendo o pagamento.

4. Situação jurídica da empresa ou dos sócios irregular. Problemas junto a órgãos públicos, ou riscos de processos públicos e/ou coletivos. Os agentes financeiros costumam solicitar variados documentos, regularização da empresa junto às autoridades, registros, alvarás, declaração de bens, dentre outras garantias.

5. Falta de capital inicial ou próprio. Exceto para grandes empresas que podem solicitar o montante total, independente de possuir recursos iniciais, a grande maioria das pequenas empresas precisam entrar com parte do montante do valor do projeto, para que o restante seja liberado.

Principais fontes de financiamento para projetos em turismo:

- **Público:** Recursos Federal, Estadual e Municipal, provenientes da receita obtida mediante tributos e taxas cobradas. São recursos que normalmente constam no orçamento dos órgãos governamentais. Há também verbas específicas disponibilizadas pela Embratur (Instituto Brasileiro de Turismo).

- **Privado:** Investimentos de empreendedores. Empréstimos podem ser contraídos em instituições bancárias e creditícias diversas; cooperativas de crédito; financeiras; e para algumas empresas a obtenção de financiamentos em outros países, cujos juros são menores. Alguns meios que grandes empresas utilizam, tem sido a emissão de ações e/ou debêntures e utilização de crédito mediante antecipação de recebíveis.

- **Micro e Pequenas empresas:** Os principais meios ainda são as cooperativas de crédito; as instituições financeiras e creditícias; o BNDES; e mesmo o suporte de instituições como o SEBRAE na obtenção de crédito. Empreendedores também podem investir no projeto visando o lucro ou uma alta rentabilidade futura.

Segundo um estudo conduzido pelo SEBRAE/SP (instituição brasileira voltada à orientação para o comércio) no ano de 2006, os principais motivos que levaram os bancos a não financiarem projetos em micro e pequenas empresas, foram:

Justificativa	%
Falta de garantias reais	40
Existência de restrições ao tomador	16
Insuficiência de documentos	12
Inadimplência da empresa	8
Linhas de crédito fechadas	8
Projeto inviável	4
Outras*	12*

Outras: Saldo médio baixo, conta nova entre outros motivos.

Capítulo 8

ELEMENTOS DESCRITIVOS PARA ELABORAÇÃO DE UM PROJETO EM LAZER E TURISMO

Diante da dificuldade de iniciar um projeto em lazer e turismo que muitos enfrentam, segue um modelo básico que pode ser adotado como guia, principalmente em áreas ou ambientes naturais, onde as exigências são maiores. Obviamente, cada projeto tem suas especificidades, sendo único; porém, algumas regras são básicas e devem ser seguidas para que se torne um empreendimento bem sucedido. Especialmente no turismo, um segmento sensível às oscilações de mercado e aos impactos ambientais.

Trata-se de um modelo despretensioso, que visa auxiliar o profissional em turismo, a não apenas desenvolver o projeto de uma pousada ou hotel, como entender a importância da análise de diversos fatores e avaliação de mercados e riscos, com o objetivo de criar projetos bem sucedidas e rentáveis. Portanto, trata-se de um uma sugestão de projeto, pois cada projeto é único e tem suas especificidades.

1 – Proponente/Responsável pelo Projeto
(inserir dados completos do proponente, meios de contato, registros e inscrições necessários e passíveis de confirmação)

Nome fantasia
Razão social
Endereço completo (Telefones / fax / e-mail / página na Internet)
Forma jurídica de constituição
Data e local da constituição
C.N.P.J.
Inscrição estadual

Segmento/ramo de atividade da empresa
Outras informações técnicas da empresa, se houver.

2 – Organização Administrativa
(Descrever conforme solicitado, o nome dos principais dirigentes, gestores ou responsáveis pelo projeto)

Principais dirigentes da empresa:

Nome e Endereço do Dirigente	Nacionalidade	Cargo/Função

Capacidade empresarial dos dirigentes:
(Descrever de forma direta o que cada item pede)
- Breve resumo da capacidade empresarial dos dirigentes e/ou sócios da empresa;
- Breve resumo da formação acadêmica e experiência profissional dos dirigentes da empresa;
- "Curriculum Vitae" dos dirigentes da empresa;
- Organograma detalhado da empresa.

3 – Descrição Inicial do Projeto
(descrever de forma sucinta e clara o que cada tópico pede, referente ao projeto a ser desenvolvido. É importante não omitir ou economizar com informações técnicas ou relevantes ao projeto)

1. Especificar o tipo de empreendimento a ser implantado, tipo de construção planejada, tipo de terreno, vias de acesso e a micro-localização. Se possível utilizar representação gráfica ou imagens na descrição.
2. Abordagem da topografia da região, recursos naturais disponíveis ou artificiais existentes, e áreas limítrofes,

como parques, rios ou lagos, floresta, fazendas ou empresas.

3. Apresentação do empreendimento, infra-estrutura disponibilizada, tipo de construção como alvenaria, pré-fabricada, em madeira ou de outros materiais, elencar equipamentos que serão disponibilizados aos clientes.

4. Descrever as áreas livres do empreendimento utilizando croquis ou plantas, incluindo áreas internas e UH's (Unidades Habitacionais), quantificar os diferentes tipos de acomodações programados para serem construídos com suas respectivas plantas.

5. Citar e elencar os equipamentos que o empreendimento terá, como restaurante, cozinha, área de lazer como piscina e salão de jogos, sala de emergência ou de primeiros socorros se houver, e de comunicações, quando distante de centros urbanos.

6. Discriminar como ocorrerá a utilização dos principais serviços necessários à manutenção da infra-estrutura, como a coleta de lixo, o fornecimento de água, o sistema de iluminação e de esgoto, dentre os que se fizerem necessário. Utilizar tabela com serviço, empresa e forma de prestação do serviço.

7. Citar as atividades de animação e recreação se houver, assim como passeios ecológicos e city-tour. Informar como funciona o sistema de socorro emergencial, caso ocorra dentro do empreendimento e/ou durante a execução de alguma atividade.

8. Montar cronograma de implantação do empreendimento, com prazos e data prevista de operacionalização.

4 – Dimensionamento do Projeto

(Apresentar as informações abaixo, levando em conta a legislação ambiental ou local, como altura máxima permitida e área permeável obrigatória no terreno)

Área total do terreno (m2);

Área total de cada pavimento (m2);
Área total da construção (m2);
Número total de UH's (apartamentos, suítes, quartos, etc.);
Área unitária média das unidades habitacionais (m2);
Número total de leitos;

5 - Estudo das Inversões Projetadas para o Projeto

(Elencar o conjunto de investimentos necessários para a realização do projeto detalhadamente – sempre explicando as tabelas)

Ativo Fixo	$
Projetos Diversos Projeto Topográfico Projeto Urbanístico Projeto Paisagístico Projeto Arquitetônico Projeto de Instalação Elétrica Projeto de Instalações Hidrosanitárias Projeto de Sistema de Prevenção e Combate a Incêndios dentre outros	
Sub-total	$

Ativo Fixo	$
Elaboração do projeto Engenheiro Economista Geógrafo dentre outros	
Sub-total	$

Ativo Fixo	$
Obras Civis e Instalações Construção (alvenaria – ver opção escolhida) Calçamento externo Piscina Sauna dentre outros	
Sub-total	$

Ativo Fixo	Valor Unitário	Quanti -dade	Total $
Equipamentos Diversos em Hotelaria Equipamento de sonorização do ambiente e imagem (TV, rádios, etc) Mobiliário (móveis, camas, mesas, aparadores, etc) Enxoval (lençaria, roupas de cama, tapeçaria, cortinado, uniformes em geral, etc) Metais e Porcelanas (vidraria, cristais, prataria, louçaria, etc) Refrigeração (freezers, câmaras frigoríficas, mini-bares, geladeiras, etc) Equipamentos de captação e tratamento de água (se houver) Gerador de energia (emergencial) Lavanderia (máquinas de lavar, secadora, calandras, etc) Lazer (equipamentos esportivos, jogos, mesas específicas, etc) Alimentação (fogão industrial, fornos de microondas, etc) dentre outros			
Sub-total			$

Ativo Fixo	Valor Unitário	Quanti -dade	Total $
Veículos (se houver, vans, off-road, frota própria, para carga, etc) Embarcações (se houver, barcos, jet-ski, botes infláveis, etc)			
Sub-total			$

Ativo Fixo	$
Gastos comuns à Implantação de Empreendimentos Despesa com promoção (Marketing e Divulgação) Despesa com taxas bancárias (e outras financeiras) Despesa de organização dentre outras	
Sub-total	$

Total Geral do Ativo Fixo	$

6 - Financiamento do Projeto

(Demonstrar financeiramente o montante disponível e o solicitado ao investidor ou agente financiador)

Capital inicial disponível: : $_____

Valor solicitado : $_____

Aplicação dos recursos solicitados

Ativo Fixo : $_____

Capital de Giro : $_____

Elaboração do Projeto : $_____

Total : $_____

Prazo solicitado (em meses ou anos) para,

Carência :

Amortização :

7 – Cronograma Físico e Financeiro

(Utilizar recursos como tabelas, quadros e gráficos mostrando os respectivos cronogramas)

Cronograma físico da obra, com prazos de execução;

Cronograma financeiro de desembolso de recursos durante a obra. Obedecendo os prazos de execução da obra.

8 - Capacidade de Rentabilidade do Empreendimento proposto

(Demonstrar como serão obtidos os recursos que pagarão o empréstimo. Modelo abaixo de uma pousada)

Serviços à Venda	Unidades disponíveis	Receita unitária	Quantidade vendida	Resultado $
A. Hospedagem Aptº. Double Aptº. Single Aptº Standard Suíte Especial				
B. Alimentos &				

Bebidas Restaurante Bar Room-service Outros serviços			
C. Outros serviços Lavanderia Telefone Massagem Passeios, city-tour, etc Outros serviços			
Total	$		$

9 - Custo de Insumos e Demais Serviços (Anual)

(Elaborar tabela com principais insumos e serviços necessários ao funcionamento anual do empreendimento)

Discriminação dos serviços prestados	Prestador /Empresa	Unidade de medida	Quantidade Volume utilizado	Custo total
Energia Elétrica Gás/Energia Coleta de Lixo Água Esgoto Telefone Outros prestadores				
Total				$

10 - Regime de Trabalho / Funcionamento do Estabelecimento

(Demonstrar como será o regime de trabalho no empreendimento, assim como de funcionamento)

Especificar utilizando tabelas, quadros ou outras ferramentas gráficas:

- Quantas horas por dia o empreendimento funcionará;

- Quantos dias por mês o empreendimento funcionará;
- Quantos meses por ano o empreendimento funcionará;
- Horário de trabalho de todos os funcionários, mesmo os eventuais como recreacionistas.

11 - Encargos e Benefícios Sociais Sobre a Folha de Pagamento

(Calcular o custo de benefícios e os encargos que incidirão sobre a folha de pagamento dos funcionários do empreendimento. Lançar no demonstrativo de custos anual)

1. Calcular (ver a legislação em vigor):
..... % de encargos sobre mão-de-obra fixa;
..... % de encargos sobre mão-de-obra variável.

2. Se houver, relacionar benefícios concedidos aos profissionais, como Auxílio Transporte, Cesta Básica, Convênios Médico e/ou Odontológico, etc.

3. Informar quais os principais impostos e taxas que incidirão sobre o empreendimento.

12 – Depreciação, Manutenção e Seguro (Anual)

(Calcular e demonstrar através de tabelas, os custos resultantes da depreciação, manutenção e seguro para o primeiro ano de funcionamento. Lançar no demonstrativo de custos anual)

Calcular custos de:
- Depreciação: 1- do imóvel; 2- das instalações; e, 3 - dos equipamentos;
- Manutenção: 1 - predial; 2 - de equipamentos; e, 3 - utensílios diversos;
- Seguros: 1 – do imóvel; 2 - dos equipamentos; e, 3 - de responsabilidade civil.

13 – Estrutura de Custo Total do Empreendimento/ Demonstrativo (Anual)

(Lançar neste demonstrativo, todos os custos necessários para o projeto existir. Acrescentar os itens que forem necessários na tabela, assim como excluir se não existirem).

Custos Totais	Valor Atual	Valor Projetado
Depreciação		
Manutenção		
Seguros		
Impostos, taxas, etc		
Dentre outros		
Total Custos Fixos	$	$
Diversos (% sobre demais custos fixos)		
Salários		
Encargos sociais		
Materiais e Mercadorias		
Outros Insumos		
Despesas com Telefone		
Despesas com Propaganda		
Despesas com Lavanderia		
Despesas com Transporte		
Juros Bancários		
Impostos, taxas, etc		
Dentre outros		
Diversos (% sobre demais custos fixos)		
Total Custos Variáveis	$	$
Total Geral dos Custos	$	$

14 – Localização do Empreendimento

(Fazer uma análise técnica, comprovando com dados e números obtidos junto aos principais órgãos do setor, os dados solicitados). Apresentar estudos que justifique ou evidencie:

1. Local onde o empreendimento será instalado, especificando qual o Estado, Região, Município, Bairro e Rua, se possível, anexando mapas.
2. Justificativa da localização, como:

a) Disponibilidade de infra-estrutura adequada (segurança, energia elétrica, sistema de saúde, sistema de comunicação, água, recursos humanos, insumos, rede bancária e de financiamento, dentre outros que julgar necessário como sistema de transporte público e privado).

b) Acessibilidade ao empreendimento. Descrever os principais meios de acesso, como:

1. Rodovias (estado, fluxo de veículos, terminais rodoviários e movimento, linhas rodoviárias disponíveis, etc.)

2. Aeroportos (companhias operando, capacidade operacional, freqüências de vôos, linhas regulares, tipos de aeronaves que o aeroporto suporta, fluxo de passageiros, etc.)

3. Ferrovias, embora incipiente no país, há uma revitalização de parte da malha ferroviária, e trechos turísticos em operação. Citar a situação da localidade.

4. Portos, se houver, com informações sobre embarcações, porte, utilização do porto comercial ou turístico, se turístico, quais embarcações operam, qual o fluxo de turistas transportados, etc.

5. Serviços turísticos na localidade, como casas de câmbio, órgãos públicos voltados para o turismo ou que os sirva, agências de viagens, etc.

6. Incentivos fiscais e/ou financeiros que possa tornar o investimento atrativo naquela localidade.

15 – Mercado Alvo do Empreendimento

(Fazer uma análise técnica, comprovando com dados e números obtidos junto aos principais órgãos do setor, os dados solicitados).

É de suma importância apresentar estudos que comprove a viabilidade do empreendimento, não apenas financeiramente, como sob a ótica da oferta e da demanda de serviços similares ou complementares, e suas possibilidades futuras. Um bom projeto deve incluir fatores como:

1. Oferta de hospedagem na localidade. Quantificar o montante de unidades habitacionais (UH) disponíveis na localidade e região abrangida pelo escopo do projeto. Informar a oferta total de hospedagem dos demais empreendimentos que possuam características similares e que possam concorrer com o empreendimento no mercado alvo. É importante, citar qual a área de estudo, e o período em que foi realizado o levantamento.
2. Demanda atual e potencial de hospedagem:
a) Informar a procedência da corrente turística na localidade, seja interna ou externa, informando inclusive quais são os principais pólos ou centros emissores de turistas.
b) Informar o comportamento da demanda. Quando o turista viaja, quando viaja, com quem viaja, qual o dispêndio diário e onde fica hospedado.
c) Informar a permanência média dos turistas, em dias, na localidade, e o que os atrai ou justifique essa permanência.
3. Disponibilizar em gráficos, qual o número de "UH's" (unidades habitacionais) foram ocupadas nos últimos três a cinco anos. Comparando os números a demanda com a oferta disponível na localidade. Possibilitando uma análise de crescimento ou não da ocupação hoteleira da região.
4. Análise da concorrência, com a oferta de produtos assemelhados, inferiores e/ou superiores ao disponibilizado pelo projeto.
5. Análise da oferta e demanda, com a previsão de expansão de ambas para os próximos anos. Justificar com dados concretos, a viabilidade de crescimento apontado pelo proponente.

16 – Política de Fornecimento de Insumos, Compras e Comercialização de Serviços

(Descrever como e onde serão obtido os principais insumos necessários à operacionalização do negócio, formas de pagamento, assim como serão comercializados serviços disponibilizados).

1. Informar a origem dos principais fornecedores de materiais, mercadorias e insumos para o empreendimento. Se os fornecedores localizarem-se em regiões distantes, informar também as alternativas em caso de problemas como greves, enchentes, acidentes, etc.

2. Informar a política de compras utilizada pelo proponente com os fornecedores, com prazos solicitados e obtidos, e pagamentos realizados.

3. Citar qual o prazo concedido para faturamento, à vista e à prazo, com prazo médio concedido; política de descontos e cortesias (se houver).

17 – Rentabilidade e Capacidade de Pagamento do Empreendimento

Demonstrar com elementos gráficos e dados, justificativas que comprovem que o empreendimento será capaz de obter recursos suficientes para:

1. Pagar os fornecedores de materiais, produtos, insumos diversos dentre outros compromissos assumidos;
2. Operacionalizar suas atividades de forma rentável por um período (mínimo de 12 meses);
3. Cumprir com suas obrigações fiscais e tributárias;
4. Pagar os salários dos profissionais que atuarem dentro do empreendimento;
5. Gerar recursos suficientes para amortizar o empréstimo ou financiamento obtido;

6. Trabalhar com diversos cenários de ocupação, desde que seja rentável. Como 50%, 70%, 90% de ocupação, ou uma média anual envolvendo a baixa e alta temporada;
7. Anexar as memórias de cálculo para comprovação.

18 – Ponto de Equilíbrio (*Break-Even Point*)

Demonstrar, baseado nas informações e análise de mercado obtidas anteriormente, o ponto de equilíbrio obtido para que sua operacionalização seja rentável. O projeto precisa ser rentável ou será inviável. Informar sempre qual o nível de ocupação utilizado para que se atinja o ponto de equilíbrio.

19 – Considerações Finais do Projeto

Finalizar com uma análise econômico-financeira cuidadosa do empreendimento, elencando os seus méritos e quais serão os resultados sociais e econômicos para a localidade e região.

Embora não esteja detalhado dentro do projeto, outras variáveis podem ser inseridas como um plano de marketing, ou qual a estratégia de marketing do empreendimento para atrair seu público alvo. Como citado anteriormente, cada projeto tem suas especificidades e precisa ser elaborado levando-se em conta todos os fatores possíveis.

Outro ponto de grande importância, é procurar o maior número de informações possíveis sobre quem analisará o projeto proposto. Sabendo-se de antemão qual a formação do investidor, técnico ou analista de projetos, é possível direcionar o conteúdo do projeto para as áreas em que estes mais valorizam, aumentando o grau de acerto e as possibilidades de aprovação.

Trabalhar com projetos não é tarefa fácil, principalmente em lazer e turismo onde parece prevalecer a idéia de que os profissionais de turismo são desnecessários. Porém, todo projeto tem seus efeitos que podem ser benéficos ou danosos, dependendo da forma com são conduzidos. Espera-se do turismólogo o profissionalismo que seus pares de outras áreas do conhecimento apresentam, contribuindo não apenas para a valorização da profissão, como para produzir os melhores resultados possíveis em sua área de atuação.

REFERÊNCIAS BIBLIOGRÁFICAS

ANDRADE, J. Vicente de. *Turismo: fundamentos e dimensões*. (6. ed.) São Paulo: Ed. Ática, 1999.

ANDRADE, Nelson, *et al. Hotel: Planejamento e projeto*. São Paulo: SENAC, 2001.

BARBOSA, Ycarim Melgaço. *O despertar do turismo: um olhar crítico sobre os não-lugares*. São Paulo: Aleph, 2001.

BENI, Mário Carlos. *Análise estrutural do turismo*. São Paulo: SENAC, 2005.

BONALD NETO, Olímpio. *Elementos do Plano e do Projeto em Turismo*. Recife/PE: Universidade Católica de Pernambuco, 1999.

CASTELLI, Geraldo. *Hospitalidade: na perspectiva da Gastronomia e da Hotelaria*. São Paulo: Editora Saraiva, 2005.

CRUZ, Rita de Cássia A da. *Introdução à geografia do turismo*. São Paulo: Roca, 2001.

DINIZ, Arthur. *Líder do Futuro: A transformação em Líder Coach*. São Paulo: Associação Brasileira de Treinamento e Desenvolvimento, 2005.

DORTA, Lurdes O; *et al. Desenvolvimento de Projetos Turísticos*. CEETEPS. São Paulo: Copidart, 2000.

FUSTER, Luís Fernandes. *Teoria y técnica del turismo*. Madrid: Ed. Nacional, 1974. Pp. 567.

HONEBEIN, Peter. *Strategies for effetive customer education*. NTC Business Books: Chicago (Illinois/USA), 1997.

LAGE, B. H. G., MILONE, P. C. *Economia do turismo*. São Paulo: Atlas, 2001.

LANGDON, Ken. *Como gerenciar projetos*. São Paulo: Publifolha, 2000.

LEMOS, Leandro de. *Turismo: Que negócio é esse: Uma análise da economia do turismo*. Campinas, SP: Papirus, 1999.

MARCELLINO, Nelson C. *Como fazer projetos de lazer: elaboração, execução e avaliação*. Campinas/SP: Papirus, 2007.

LIMA, Oberdan Ferreira. *Formação do Guia de Turismo*. São Paulo, Renovarum, 2002.

MAXIMIANO, Antonio C. A. *Administração de Projetos.* São Paulo: Editora Atlas, 2006.

MAZANEC, J. A., ZINS, A. H., DOLNICAR, S. *Análise do comportamento do turista com tipologias de estilo de vida e de férias.* In: THEOBALD, W. F. (Org.). Turismo global. São Paulo: SENAC, 2001. 293 – 310.

MITRAUD, Sylvia. Org. *Manual de Ecoturismo de Base Comunitária: Ferramentas para um planejamento sustentável.* Brasília (DF): WWF Brasil, c 2003. 470 p.:il. Color. 51x14cm.

OLIVEIRA, A. Pereira. *Turismo e Desenvolvimento: planejamento e organização.* São Paulo: Atlas, 2000.

PETROCCHI, Mário. *Gestão de pólos turísticos.* São Paulo: Futura, 2001.

PLOG, S. C. *Por que a preservação do destino tem sentido econômico.* In: THEOBALD, W. F. (Org.). Turismo global. São Paulo: SENAC, 2001. 267 – 282.

Política Nacional de Turismo: *Diretrizes e Programas 1996-1999.* Brasília: Ministério do Turismo/ EMBRATUR- Instituto Brasileiro do Turismo, 1996. 45p.

POLETTE, Marcus. *IV Simpósio sobre Recursos Naturais e Sócio-econômicos do Pantanal.* UNIVALI: Corumbá/MS, novembro de 2004.

Project Management Institute. *Project Management Body of Knowledge.* PMI (Estados Unidos), 2006.

THEOBALD, William F. (org.) *Turismo Global.* São Paulo: Ed. SENAC São Paulo, 2001.

TRIBE, John. *Economia do Lazer e do Turismo.* São Paulo: Editora Manole, 2003.

Toilet Trail: The effects of tourism in Macchu-Pichu. USA: CNN Traveller, March Edition, 2000.

URRY, John. *O olhar do turista: lazer e viagem nas sociedades contemporâneas.* São Paulo: SESC, 1999.

ZIONI, Cecilia. *Terceiro setor. Um novo caminho.* Revista Problemas Brasileiros. Ano XXXVII, n. 337, jan/fev 2000, p. 4-13.

SOBRE O AUTOR

Adalto Felix de Godoi possui uma formação na área de hospitalidade (Turismo e Hotelaria) e é administrador pela University of London/LSE, possui ainda especialização em Gestão Estratégica de Pessoas (Recursos Humanos) e MBA Executivo em Gestão Empresarial Estratégica pela Universidade de São Paulo (USP), atuou por vários anos como voluntário em projetos sociais em diversas regiões do Brasil. É também professor universitário, palestrante e autor de diversos livros e artigos sobre o Turismo Médico, Turismo de Saúde, Hotelaria Hospitalar e Humanização em Hospitais além de artigos na área de educação, turismo, hospitalidade e administração hospitalar.